U0123902

"一带一路"
经济读本

陈甬军/著

中国财经出版传媒集团
经济科学出版社
Economic Science Press

图书在版编目（CIP）数据

"一带一路"经济读本/陈甬军著．—北京：经济
科学出版社，2017.6（2018.6 重印）
ISBN 978－7－5141－8206－4

Ⅰ．①一… Ⅱ．①陈… Ⅲ．①"一带一路"－
基本知识 Ⅳ．①F125

中国版本图书馆 CIP 数据核字（2017）第 142398 号

责任编辑：于海汛 李 林
责任校对：杨晓莹
责任印制：李 鹏

"一带一路"经济读本
陈甬军 著
经济科学出版社出版、发行 新华书店经销
社址：北京市海淀区阜成路甲 28 号 邮编：100142
总编部电话：010－88191217 发行部电话：010－88191522
网址：www.esp.com.cn
电子邮件：esp@esp.com.cn
天猫网店：经济科学出版社旗舰店
网址：http://jjkxcbs.tmall.com
北京中科印刷有限公司印装
889×1194 32 开 6.5 印张 130000 字
2017 年 6 月第 1 版 2018 年 6 月第 2 次印刷
ISBN 978－7－5141－8206－4 定价：39.00 元
（图书出现印装问题，本社负责调换。电话：010－88191510）
（版权所有 侵权必究 举报电话：010－88191586
电子邮箱：dbts@esp.com.cn）

目　　录

引　言　谁持彩练当空舞

　　本书是一本关于用软力量来研究和宣传"一带一路"建设的读本，内容偏重于经济理论研究和解释方面，适合经济界人士特别是企业家阅读。

　　什么是"软力量"？2016年12月5日下午，国家主席习近平主持召开中央全面深化改革领导小组第三十次会议。会议审议通过了《关于加强"一带一路"软力量建设的指导意见》。会议指出，软力量是"一带一路"建设的重要助推器。要加强总体谋划和统筹协调，坚持陆海统筹、内外统筹、政企统筹，加强理论研究和话语体系建设，推进舆论宣传和舆论引导工作，加强国际传播能力建设，为"一带一路"建设提供有力理论支撑、舆论支持、文化条件。这就提出了在"一带一路"的实践中要做好理论研究、舆论宣传和文化传播三大任务。可以说，"软力量"是相对于"一带一路"建设中用钢铁、水泥等进行基础设施建设的"硬力量"来说的一个概念。

　　"一带一路"战略构想提出三年多来，引起沿线国家的广泛共鸣，共商、共建、共享的和平发展、共同发展理念不胫而走。60多个沿线国家和几十个国际组织积极表态参与"一带一路"建设。沿线多个国家不但响应参与，还与他们各自的发展战略积极对接。中国同沿线30多个国家签署了共同合作协议，与20多个国家开展了国际产能合作，一批有影响力的标志性项目逐步落地。截至2016年7月，我国对"一带一路"相关国家的投资累计已达511亿美元，占同期对外直接投资总额的12%；与沿线国家新签承包工程合同1.25万份，累计合同额2790亿美元。"一带一路"倡议提出和实施的三年，国际社会共同见证了"一带一路"从理念设计、总体框架、战略规划到实质建设阶段的发展。

过去的2016年，既是中国"十三五"规划开局之年，也是中国与沿线国家全力推进"一带一路"建设的一年。2017年新的一年将进一步见证："一带一路"成为沿线国家和地区的协奏曲，在内外联动、海陆统筹的对外开放新布局中，使古老的"丝绸之路"延伸成为现代版"国际大合唱"。5月在北京顺利召开的"一带一路"国际合作高峰论坛就是一个突出的例子。

那么，国际社会积极参加这个"国际大合唱"的内在动力来自哪里？我国推进"一带一路"建设旨在何处？社会各界特别是企业界又应该如何认识这个倡议和战略，并且做出正确的行动？这些都是"一带一路"三年多来丰富的实践进展"倒逼"着理论研究必须回答的问题。本书在带有一定创新意义的理论探讨的基础上，以读本的形式深入浅出地阐述和解答了这些问题。

"一带一路"作为构想出现于2013年9月与10月，国家主席习近平分别在哈萨克斯坦纳扎尔巴耶夫大学和印度尼西亚国会的演讲中。此后，这个概念不断发展与深化，逐步上升成为国家战略。作为随着实践不断发展中的概念，"一带一路"从空间上涉及东南亚、中东欧等诸多国家，从地图上看它就像一条"彩练"镶嵌在欧亚大陆上。从时间上，对数千年前就已经发展起来的陆上丝绸之路与海上丝绸之路有新继承、有大发展。目前国内外已有的研究资料，从经济、国际政治与外交、区域合作、文化传播、历史等各个领域出发对"一带一路"进行了探究。然而，本书认为，"一带一路"本质上是个经济战略——这是看待"一带一路"不可回避的核心。其中可以自洽的经济循环回路是这个经济战略得以确立的基础。

本读本首先从"一带一路"是什么出发，帮助读者形成对这个发展中的新概念的正确定位（见第一讲、第二讲）。其次，从当前的国际国内经济形势出发，读本将着重通过"一带一路"的理论模型分析，来认识"一带一路"的经济本质和商业循环的回路（见第三讲、第四讲）。"一带一路"作为国家的经济发展战略之一，其根本要求和目的是要有实际可行性。这就要在具体项目执行过程中做好风险把控（见第五讲）。在理论讲解的基础上，读本还介绍了在"一带一路"战略具体实践过程中中国企业"走出去"的基本情况，并基于所提出的基本模型，对其中的典型案例进行了介绍（见第六讲、第七讲）。

除此之外，鉴于"一带一路"战略的特殊性，读本最后还对中国企业如何适应与融入当地环境、在项目建设中正确处理好环境保护与文化传播提出了看法（第八讲、第九讲）。后面还附录了两篇材料，以帮助读者了解"一带一路"三年来进展的大体情况。

2016年初，本书作者在英国伦敦金融城中国企业俱乐部，讲解作为本书核心内容的关于"一带一路"作为一个商业合作模式内在的赢利机制时，听讲的英国企业家创造了20分钟就理解了的纪录。后来在国内的一场报告，听讲的中国企业家又创造了10分钟的纪录。你如果想打破这个纪录，可以先阅读本书第四讲的内容，7000字左右，大概需要8分钟。全书内容约12万字，1小时内可看完，也就是飞一个短途航班的时间。

"赤橙黄绿青蓝紫，谁持彩练当空舞?"带着这个问题，现在让我们开始这个重要而又愉快的阅读过程吧!

第一讲 "一带一路"：倡议、战略、项目

理解"一带一路"经济本质和内在逻辑的前提之一：当我们在谈论"一带一路"的时候，到底是在谈论什么？实际上"一带一路"有三个定位：倡议、战略、项目。

一、"一带一路"空间示意

"一带一路"由陆上丝绸之路经济带和海上丝绸之路构成。其中，陆上丝绸之路从中国的中原之地，到西安途径新疆乌鲁木齐，往西经过中亚、西亚，到达欧洲，构成丝绸之路经济带。历史上的丝绸之路也和如今的丝绸之路经济带基本重合。

具体地，这条丝绸之路经济带，可分为三部分作更深入地认识：第一条是往北延伸的路线，经过俄罗斯到达欧洲的波罗的海，第二条是通过中亚、西亚，经过波斯湾，到达地中海；第三条是往南，经过东南亚、南亚，到达印度洋。

以目前最有名的渝新欧专列为例。渝新欧专列由重庆

始发，经由新疆驶出中国境内，沿陆上丝绸之路经济带的中线抵达欧洲。时任重庆市长黄奇帆2015年在中国留美经济学会年会上介绍，渝新欧专列一年平均发出100多趟，全程一万多公里，从重庆通过集装箱将货物运抵德国杜伊斯堡。在开设专列之前，重庆的集装箱要经过华南地区，从上海、广州装船后，经过海路，由新加坡马六甲海峡穿过印度洋、地中海，再到欧洲。而通过重新连接开放的陆上丝绸之路，运输的距离和时间就极大地减少。这也就把中国的西部推到了改革开放的前沿。目前，有越来越多的投资洽谈会、贸易促进会在西安、青海、宁夏、新疆等中西部省份举办。其中一个很重要的原因，就是因为陆上丝绸之路这条通道的重新打开。

"一带一路"的另一重要组成部分是"海上丝绸之路"。"海上丝绸之路"主要是从中国东南沿海港口出发，经过南海、印度洋，到达欧洲国家港口。具体是从福建的泉州、广东的广州和浙江的宁波出发，沿着东海、南海至太平洋、随后从印度的加尔各答往北，到达印度洋，然后抵达东非内罗毕，通往也门亚丁湾、进入地中海。值得一提的是，"海上丝绸之路"途经东盟十国，历史上中国和这十个国家就有密切的经贸往来，而"海上丝绸之路"也随着古代贸易的发展成为历史上中国对外重要的海上通道。

二、为什么叫做"一带一路"？

"一带一路"是对陆上丝绸之路经济带与海上丝绸之路的简称。"丝绸之路经济带"是一条始于欧亚大陆东端，远至德国，甚至英国的经济走廊，被称为世界上最具有发展潜力的经济走廊。而海上丝绸之路，其完整的说法是"21世纪海上丝绸之路"。这些都继承了中国历史对外交往的遗产，强调了这是历史上郑和下西洋的丝绸之路的现代版。同时，又在历史传统的基础上，赋予其新时代中国对外开放的时代内容。实际上，"一带一路"这个简称，就是运用了历史形成的文化符号推陈出新的杰作。这和中国借助"孔子学院"传播中国文化如出一辙。"孔子学院"里所教授的内容是学习中国文化，并不全是研究儒家学说。然而，借用孔子这个名字，来推广中国文化可以事半功倍。因为孔子对中国文化具有特殊的象征意义，并且获得了普遍的国际认同，采用"孔子学院"这个名字就更容易被理解，更具有传承性。同样，借助历史上的丝绸之路，将今天的中国经济发展战略、区域合作与和平外交主张叫做"一带一路"，并不是为了昭示中国希望恢复汉唐时期万国来朝的区域政策和主张，而是选择了历史有记载、文化有传承、现实有需求的概念，以获得最大范围的认同和传播。

可以进一步抽象地来看"一带一路"的空间分布：北线由中国西部到欧洲，中线经过西亚、欧洲到地中海，南线经过东南亚、南亚到印度洋，并且还延伸至南太平洋。从"一带一路"的空间概念出发，可以认识到"一带一路"实际上是一个开放的概念。它不限于地理意义上的沿线国家才可参与。实际上，非洲以及欧洲、美洲的很多国家都可以作为"第三方国家"被纳入到这个框架中来。

"一带一路"的英文表述，在业界和媒体中广泛使用的是"one belt one road"这个直译，非常便于理解。经过一年多的讨论，目前统一规定使用的是"the belt and the road initiative"。从"one belt one road"到"the belt and the road initiative"，将限定词换成定冠词的小小改动，具有其中的深意。也就是说，"一带一路"有特定的合作模式，但是它的范围并不一定限于沿线国家和地区。只要在某个领域中按照"一带一路"的模式进行合作，开展两个以上国家和地区之间的经济文化交流，进行项目建设投资，就可参与"一带一路"。在今后"一带一路"实践不断地推进与发展的过程中，将会有越来越多实际案例对此进行印证。

三、"一带一路"作为和平发展倡议的提出

"一带一路"倡议提出的标志是 2013 年 9 月 7 日，中国国家主席习近平出访哈萨克斯坦时在纳扎尔巴耶夫大学发表的演讲："为了使各国经济联系更加紧密、相互合作更加深入、发展空间更加广阔，我们可以用创新的合作模式，共同建设'丝绸之路经济带'，以点带面，从线到片，逐步形成区域大合作"。这是第一次在丝绸之路经济带沿线国家提出这样的构想，而哈萨克斯坦本身是中亚五国中最重要国家之一。

随后，2013 年 10 月 3 日，国家主席习近平在印度尼西亚国会的演讲时提出："中国愿同东盟国家加强海上合作，使用好中国政府设立的中国—东盟海上合作基金，发展好海洋合作伙伴关系，共同建设 21 世纪'海上丝绸

之路'"。

这样，距离哈萨克斯坦提出"丝绸之路经济带"这一构想仅 1 个月的时间，我国选择在海上丝绸之路途经的重要国家印度尼西亚提出"海上丝绸之路"的新构想。两者遥相呼应，共同促成了"一带一路"这一构想的问世。

四、"一带一路"作为对外开放战略的形成

在理解"一带一路"作为国家战略前，需要回顾 20 世纪 80 年代中国提出的"国际大循环"战略，以更好地从发展战略角度来理解"一带一路"。

20 世纪 80 年代末，国家计划委员会的研究员王健提出了"国际大循环"战略。"国际大循环"战略主要内容是指中国应该实行"两头在外"的发展战略。"两头在外"是指原材料从国外进口，在本国生产产品，最终通过出口将产品销往全球市场。从国际贸易的视角出发，这个大循环的本质是通过形成研发（R&D）、营销（Marketing）在外、制造环节在内的"微笑曲线"，把中国制造融入国际分工体系，以发挥当时中国劳动力的比较优势。而"微笑曲线"这一表述最早是由中国台湾地区企业家施正荣在一篇研究报告中发表的。

从价值创造过程来看，在"微笑曲线"中研发和营销两头的价值增加占整个价值创造的比重较大，发达国家在国际分工中已对这两端形成了垄断，而增值占比较低的中间制造部分需要发展中国家来完成。这一构想的基本实现模式是，原材料从国外进口，在中国沿海地区工厂进行加

工制造，制作成商品并出口。提出这一构想的事实依据和理论前提是，中国当时有庞大的农村剩余劳动力，而且相较其他发达国家，土地、商务和环境成本还比较低，这样就能够利用这些比较优势，把中国产业特别是制造能力嵌入世界的分工体系。这一发展模式实际上一直延续了20多年，直至2008年国际金融危机爆发。在这20多年间，中国建设了经济特区，通过进一步开放及加入WTO，不断地深化市场体制改革，等等。这些实践极大地促进了"国际大循环"战略内容的丰富和完善。2010年，中国成为世界第二大经济体，作为世界制造业大国，形成了高达4万亿美元的外汇储备，就是这方面的一个现实写照。

这个外汇储备是怎么来的？主要是我国实行对资本项目下的外汇管制。举例而言：一个企业收到200万美元的国际加工订单收入，首先要通过国家外汇管理局兑换为人民币，而相应的美元则成为国家的外汇储备。世纪之交，人民币兑美元汇率约为8∶1，即折合1600万元人民币。而企业家就用这一笔人民币发放员工工资、水电费等开支。而需要用美元采购国外原材料时，就要用人民币向外汇局购买美元。在"国际大循环"战略的实行期间由于中国长期的贸易顺差，就形成了庞大的外汇储备。而这一点又是形成"一带一路"战略不可忽视的事实和重要逻辑起点之一。

2010年在国际金融危机发生的同时，中国经济发展的基本环境发生了很大的变化，其中最大一点就是各项成本上升。具体体现在劳动力成本上升、土地成本上升、规制要求提高带来的商务合规成本上升和环境成本上升等。除此之外，金融危机以后，国外订单大量减少，外部需求的萎缩也是显而易见的。这种情况下，"国际大循环"战略继续运作的内外部条件就不具备了，必须有新的对外开放战略来接续。

首先，中国的宏观经济态势和生产能力有了很大改变。2010年以来，中国经济进入"新常态"，宏观经济呈现"L"形走势。2015年我国GDP增速为6.9%，名义GDP增速仅为6.5%。2016年全年GDP同比增长6.7%，今后几年大致在6.5%~6.8%之间。

我们对这个走向有一个认识发展过程。2008年国际金融危机爆发后，为了保持经济增长的速度，中国政府提出了4万亿的产业振兴计划，主要投资在传统行业。这种以投资驱动的经济增长模式遭遇国际市场需求快速收缩的现实，因高经营杠杆和资产专用性的存在无法及时调整，引发整个产业链条的产能过剩（见图1-1）。

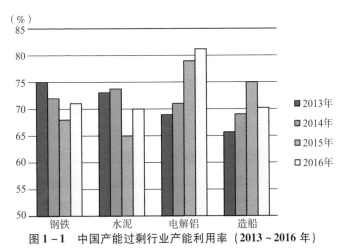

图1-1 中国产能过剩行业产能利用率（2013~2016年）

资料来源：笔者根据国家发改委、工信部和国家统计局等公开资料整理而成。

按照国际产业通用标准，产能利用率或设备利用率低于 80% 就可以认为存在产能过剩情况，而在最近几年，我国钢铁、水泥、电解铝、造船等基础行业的产能利用率均已达到 70%。产能过剩成为制约我国经济发展的突出瓶颈。

另外一方面，过去"国际大循环"战略的提出是在和发达国家的比较中产生的。当时我国在研发和市场营销方面不占优势，但却拥有廉价的劳动力。而 20 多年后的今天，原来的比较优势已经发生了重大的动态变化。进入 21 世纪以来，我国通过加大科研投入、技术转移等方式，逐渐形成了自己的比较优势。在人口红利逐步消失的今天，我国中高端制造业已经有了一定的基础，相较东南亚、中亚及中东欧的许多国家具有比较优势，而这些国家却拥有大量的劳动力和广阔的市场，可以成为我国中高端制造业在过去外部需求旺盛情况下所形成产能的重要出口市场。于是，基于同样原理的新的国际分工构想就此展开。

除此之外，过去实行的"国际大循环"战略还为我国形成了 3 万亿美元以上的外汇储备。据中国国家外汇管理局消息，截至 2016 年 7 月，中国外汇储备仍保持 3.2 万亿美元高位，居世界第一，占全球外储总量的 1/3。这些外汇储备需要寻找避险、保值甚至增值的投资渠道。而与高速发展中的"一带一路"沿线国家进行合作建设，也需要这些外汇储备进行金融先导。这就为我国选择和确立新的国际合作和开放战略提供了重要保证。

"一带一路"建设可以有条件实现从原有的"国际大循环"战略升级到新的开放战略的国家治理思路的转换。

可以说，应运而生的"一带一路"战略是"国际大循环"战略的升级版。

继 2013 年 9 月、10 月国家主席习近平分别在哈萨克斯坦与印度尼西亚提出建设"丝绸之路经济带"与"21世纪海上丝绸之路"的倡议后，2014 年 11 月 4 日上午，习近平主持召开中央财经领导小组第八次会议听取了国家发改委、财政部、中国人民银行关于"一带一路"规划、发起建立亚洲基础设施投资银行、设立丝路基金的汇报，并研究"丝绸之路经济带"和"21 世纪海上丝绸之路"的规划。习近平主席发表重要讲话并强调，推进"一带一路"建设，要诚心诚意对待沿线国家，做到言必信、行必果。要本着互利共赢的原则同沿线国家开展合作，让沿线国家得益于我国发展。要实行包容发展，坚持各国共享机遇、共迎挑战、共创繁荣。要做好"一带一路"总体布局，尽早确定今后几年的时间表、路线图，要有早期收获计划和领域。推进"一带一路"建设要抓落实，由易到难、由近及远、以点带线、由线到面，扎实开展经贸合作，扎实推进重点项目建设，脚踏实地、一步一步干起来。由此，"一带一路"的具体规划蓝图浮出水面。2014年 11 月 8 日，APEC 会议在中国首都北京举行。作为东道国，中国提出了加强互联互通伙伴关系的倡议。

2015 年 3 月 28 日，博鳌亚洲论坛召开。国家主席习近平在论坛开幕式上发表主旨演讲时说，"我们将积极推动亚洲和世界范围的地区合作。中国将加快同周边国家的互联互通建设，积极探讨搭建地区性融资平台，促进区域内经济融合，提高地区竞争力。中国将积极参与亚洲区域合作进程，坚持推进同亚洲之外其他地区和国家的区域次区域合作。中国将继续倡导并推动贸易和投资自由化、便利化，加强同各国的双向投资，打造合作新亮点。中国将坚定支持亚洲地区对其他地区的开放合作，更好地促进本地区和世界其他地区共同发展。中国致力于缩小南北差距，支持发展中国家增强自主发展能力。"当天下午，中国国家发展与改革委员会、外交部、商务部共同发布了《推动共建丝绸之路经济带和21世纪海上丝绸之路的愿景与行动》。这一文件说明"一带一路"在2015年正式成为国家战略。

当然，这不是随便可以提的，也不是信口开河说的，要经过反复推敲，经过中央内部反复多次的讨论，最后才以"一带一路"的"愿景与行动"这一白皮书的形式向国际社会正式发布。

五、作为国际技术合作项目的提出

2016年7月1日，习近平总书记在纪念中国共产党成立九十五周年大会上的讲话中指出："中国坚定不移实行对外开放的基本国策，坚持打开国门搞建设，要在'一带一路'等重大国际合作项目中创造更全面、更深入、更多元对外开放格局"。

2016年8月17日，在中央推进"一带一路"建设座谈会上，习近平总书记又指出："以'一带一路'建设为契机，开展跨国互联互通，提高贸易和投资合作水平，推动国际产能和装备制造合作，本质上是通过提高有效供给来催生新的需求，实现世界经济再平衡"。

这反映了经过三年试水后，中央从经济视角的定位，又提出了国际合作项目和经济本质这两个概念作为认识"一带一路"新的核心内容。

把"一带一路"确立为国际合作项目与"一带一路"实践的发展有关。我国国民经济与社会发展的第十三个五年规划提到"一带一路"，主要是通过共建、共商、共享，双边多边合作，实现国际产能合作。从这里就可以看到"一带一路"的主要内容和目的，包括合作理念、产业建设和金融体系支持，必须落实到一个个的项目建设上面来体现。每年的中央经济工作会议，规定了次年最重要的经济工作任务。2015年底的中央经济工作会议，在"一带一路"方面的要求，就是要推动国际产能合作，形成标志性项目。特别是在近几年来，中巴经济走廊建设、中老高铁、厦门大学马来西亚校区等项目陆续建设，都体现了"一带一路"对具体项目的指导属性。

以中泰铁路项目为例。中泰铁路北起泰国东北部的廊开市，一路向南，在中部沙拉武里府坎桂县分成东南和西南两支，东南方向直至罗勇府的玛塔卜县，西南终于首都曼谷。2016年1月份签约，选中中国高铁CHR。铁路建好后，不但可以大大地节省运营时间和效率，还可以实现从万象到曼谷，沿着马来半岛，一直到新加坡的中南高铁计划。中国的云南就成为这一重要通道的起点。而现在泰国的铁路交通系统还十分落后，所以"一带一路"建设顺应了带动当地发展基础设施建设的需求。它从这个目标上看，就是一个国际合作项目。

因此，反映实践的需求，进一步确立"一带一路"作为一个国际合作项目的概念，就能更好地指导在"一带一路"第一线的企业工作，增强沿线国家和国际社会积极参加"一带一路"建设的动力。

六、倡议、战略、项目的"三位一体"

通过前文回顾，可以看到，"一带一路"的提出，经历了一个从构想到正式提出倡议，再到成为国家对外开放战略，最后又落实于指导各个具体建设项目的发展过程。它来源于实践，上升为理论后又作用于具体实践，既符合人们的认识过程，又遵循了科学的决策规律。它的定义也随之不断丰富。

首先，"一带一路"对外是和平倡议。因为这是中国对国际社会的一个提议，需要与其他国家平等商量，达成共识后进行合作建设。在这个过程及未来的合作过程中，国与国之间没有高下之分，没有领导和被领导关系，不管是小国还是大国，都要平等协商，以实现互利共赢。所以它是一个倡议。

其次，"一带一路"对内是对外开放战略。战略，是一个国家、一个社会，或者一个团体，乃至于个人，对未来长远发展的总体规划。它是粗线条的，方向性的，但又一定是长时期的、覆盖总体的。"一带一路"就是一个这样的战略。近年来出台的"十三五"规划、七一讲话以及中央经济工作会议，都把"一带一路"作为新时期对外开放的总纲领来定位和布置，充分说明了"一带一路"的战略性质。

最后，"一带一路"对企业是国际合作项目。参加合作的各方必须按照国际惯例和市场经济规则，签约履约进行项目投资建设，在获得利益的同时承担相应的责任。

因此，"一带一路"的定义是"三位一体"的，它既是倡议，又是战略，也是项目。它们从不同的维度，反映了"一带一路"的特定内容、战略定位和具体作用。

本讲参考文献

1. 习近平：弘扬人民友谊共创美好未来——在纳扎尔巴耶夫大学的演讲，新华网，2013 年 9 月 7 日。

2. 习近平：携手建设中国—东盟命运共同体——在印度尼西亚国会的演讲，新华网，2013 年 10 月 3 日。

3. 国家发展与改革委员会、外交部、商务部（经国务院授权发布）：《推动共建丝绸之路经济带和 21 世纪海上丝绸之路的愿景与行动》（2015 年 3 月），《人民日报》2015 年 3 月 29 日。

4. 习近平：《在庆祝中国共产党成立 95 周年大会上的讲话》，2016 年 7 月 1 日新华社电。

5. 《习近平出席推进"一带一路"建设工作座谈会并发表重要讲话》，《人民日报》2016 年 8 月 18 日。

第二讲 "一带一路"：前世与今生

"一带一路"的前身是古代陆上丝绸之路和海上丝绸之路。回顾丝绸之路的历史与现状，将会涉及历史、地理、国际政治与文化等方方面面的内容。

一、"一带一路"的地理构成

我们现在所说的"一带一路"是一个统称，实际上"一带"有"三条"，"一路"有"两条"。

"一带"的"三条"实际上连接了最为活跃的世界经济圈：一头连着亚洲东部经济圈，另一头是发达的欧洲经济圈，中间是广大的经济腹地，其构成"一带"当中最重要的经济发展地区。这"三条"中第一条是北线，从中亚、俄罗斯到达北欧；第二条是从中国新疆维吾尔自治区出去以后往南，到波斯湾，经过西亚的伊朗等国家，沿着地中海到达罗马，进入欧洲国家；第三条是往南亚方向发展，通过印度次大陆往南。而"一路"有"两条"，一条是常规的马六甲海峡，经过印度洋到波斯湾，沿着海路，汇合到一起，经地中海到欧洲。另一条偏向南部，从中国南部沿海港口延伸到南太平洋。

在这个经济带中，从经济发展水平来看，中间相对低于东西两头。由此奠定了中部地区发出需求、两头的发达国家参与合作建设其基础设施建设的必要性和可能性。这也是用基本的经济学原理分析和理解"一带一路"基本内涵的一个经济地理依据。

二、罗马不是一天建成的，丝绸之路不是一天走通的

在古代，丝绸之路实际上也涵盖了现代丝绸之路经济带中的三条，其中最主要的一条路线是经新疆维吾尔自治区喀什，到哈萨克斯坦，再经过里海、大秦（即现在的土耳其），最后到达伊斯坦布尔；中间这一条路线经过中亚国家伊朗、伊拉克，再经地中海到罗马，这是最长的，也是最标准的古代丝绸之路。还有一条路线是通往印度天竺，也就是所谓唐僧取经的路线，经伊斯兰堡、巴基斯坦前往。所以我们可以看到，古代的丝绸之路基本上涵盖了现在"一带一路"的这三条路线。

如果把古代中国的西安作为丝绸之路起点的话，丝绸之路全程最远有一万多公里。但历史上的丝绸之路其实是断断续续的，并不是我们现在所想象的一路畅通。历史上很多人因为生计所迫走上丝绸之路，由于商贸、交通的条件限制，在途中通过买卖获得自己需要的物品之后，就原路返回了。因此丝绸之路在当时很多人并没有完全走完，而是断断续续拼凑而成的。当时丝绸之路上的自然条件非

常恶劣，主要靠马匹、骆驼进行货物运输。在唐宋时期，因为中国国家强大，商贸发达，丝绸之路达到巅峰。除了民间商贸往来，还包括西域各国朝贡的物品运输。

当时玉门关成为丝路与中原的重要分界点。白天城门一打开，牵着骆驼、穿着胡服的商人，递过通关文书，交给当地官员盖章，他的商队就可以进入城门直至中原地带。同时，也有中原地区穿着汉服的人因为生计所迫，牵着马匹，踏上西去的丝绸之路。但是他们大多神色悲凉，因为身后是繁华的中原之地，前路却是荒凉的大漠戈壁。所以就有了"春风不度玉门关"、"西出阳关无故人"这样的诗句流传下来。

由于骆驼一天的行程是30~40里，中间需要休息，途中还有恶劣天气、土匪抢劫等因素，所以历史上往返丝绸之路都要一年以上，长的甚至达到2~3年。汉朝时期，张骞首先开拓凿空之旅，但是也只是开拓，并没有真正走通。东汉的班超重新打通隔绝了几十年的丝路，重新走到罗马。罗马的传教士等也通过丝绸之路来到中国。这样就打开了中华文明和西方文明的对话之旅，在商品交流的同时，发生了文化的交流。

一百多年前在敦煌发现的藏经洞就是由于丝绸之路的开通而引致的。否则在敦煌这个荒凉之处，为什么会有辉煌的经书和文献呢？它必然是当时特殊的商旅过程所带来的文化和宗教交流的结晶。

所以要动态地来认识历史上的丝绸之路。丝绸之路不是像今天开通班列一样自然形成的。欧亚大陆，中间没有大海，这就逐渐形成和发展起来了陆上商品交流和文化交流之路。开始是马帮一步一步走出来的，与我国南方云南、贵州特有的茶马古道是同样的道理。西藏的饮食中主要以牛肉、马肉为主，但过于油腻了，需要茶叶来解腻。由于当地的自然条件限制，又无法生产茶叶，所以就形成了把云贵的茶叶运到西藏，又把当地的马匹贩运回来这样一种特有的商品交易内容和运输路线。同样，这个互通有无的道理也可延伸到丝绸之路上，当时中国是与丝绸之路沿线国家和地区以丝绸、皮毛、玉石、珠宝、香料等稀有物品进行贸易活动为主。

三、海上丝绸之路的形成

世界上大概有200多个国家和地区，其中有100多个国家与海洋接壤，但是其余的50～60个国家没有出海口，例如蒙古。古代社会比较强调陆权，强调国土面积，而在现代文明的崛起过程中，海权扮演着日益重要的角色。

海上丝绸之路是古代中国与外国交通贸易和文化交往的海上通道，又被称作海上陶瓷之路、海上香料之路。汉朝时期，中国与马来半岛就已有交流。特别是唐代之后，来往更加密切，往来的途径主要依靠海路，而中西贸易也利用此航道作为交易之道。这条通道形成的主因，是因为中国东南沿海山多平原少，前往西域走陆路会经过许多很不适合人类居住的地区，而海路可以依靠中国东海岸夏、冬两季季风助航。因此，自古许多人便积极开辟海路通往欧亚各国。

海上丝绸之路航线主要有东海起航线和南海起航线。

南海起航线由中国沿海港去往东南亚、南亚、阿拉伯和东非沿海诸国，其主港口历代有所变迁，先后经历了徐闻古港、广州、泉州、漳州等。东海起航线由中国沿海港口去往朝鲜、日本，其主港是青岛古港，可驶往辽东半岛、朝鲜半岛、日本列岛。因此中国很早就有了对日韩的人员交往和文化经贸联系，这条航线也被史学界称为"东方海上丝绸之路"。

"海上丝绸之路"形成于秦汉时期，发展于三国隋朝时期，繁荣于唐宋时期，转变于明清时期。在西汉时期（公元前202年），南方南粤国与印度半岛之间的海路就已开通。到了唐代，伴随着中国造船、航海技术的发展，中国通往东南亚、马六甲海峡、印度洋、红海以及非洲大陆的航路纷纷开通并延伸。宋代以后，随着中国南方的进一步开发和经济重心的南移，从广州、泉州、宁波等地出发的海上航路日益发达，越走越远，从南洋到阿拉伯海，甚至远达非洲东海岸。人们把这些海上贸易往来的各条航线，通称为"海上丝绸之路"。海上丝绸之路逐渐替代陆上丝绸之路，成为中国对外交往的主要通道。

古代海上丝绸之路的产生有几方面的原因。首先是陆上丝绸之路断断续续，自然条件恶劣，加上中间地区战乱不断。古时的驿道，路况并不十分理想。从总体上看，丝绸之路并不是一条能够连续通行的道路。特别是在国力衰弱、战乱动荡的时期，丝绸之路作为商路的不稳定性更加突出，因为沿途匪徒和战乱不利于常态化的商贸往来。另一方面，随着中国的经济重心逐渐南移，特别是江南、广东、福建等沿海省份逐渐成为新的经济重心，这些地区凭借独特的沿海地理位置优势，逐渐形成了海上丝绸之路。

除此之外，海运与陆运相比得天独厚的经济优势，使得海上丝绸之路能够不断延续下去。首先，海上丝绸之路与陆上丝绸之路对比，运货量上是海路更大。其次，海上运输相对陆上运输更加安全。商船从广州出发到波斯湾的海上距离约为 15000 千米，陆路距离约为 7000 千米，海路比陆上距离要远上一倍。但海上的船随时可以停靠、补给，而在亚欧大陆中部的许多内陆地区，商队必须持续前进，餐风露宿，这对商队是极大的挑战。根据史料文献记载，当时许多商人通常是卖完货物以后就原路返回，不再继续前进。而船舶遇港可以停靠，可以休整，带动港口相关服务业的发展。再次，海上丝绸之路抵达欧洲的速度更快。元大都时期，马可·波罗从意大利的威尼斯耗时 3 年到达元大都；而海上丝绸之路仅需 280 天即可抵达。从海路来看，船只日行 150 公里，顺风需要 90 天，3 个月可以到达波斯湾，而靠骆驼队行走的陆路是这个时间的 6 倍。当然，考虑到季风的因素，受制于当时的科技实力和运输水平，有时候也需要 1～2 年。事实上，中国与马来半岛很早以前就有交往，加上航海技术的进步，特别是巧妙利用季风，使得海运有了运量大、运输成本低的特点。唐朝以后，这条海上通路就被广泛接受。但是到了 1480 年，明朝皇帝下令"海禁"，停止所有的海上贸易活动，"海上丝绸之路"遭受了重创。

在当时海上丝绸之路的船队中有许多随船的日用品，如茶叶、瓷器等，在现代的沉船考古中都发现过这些珍贵物品。古代的中国就用这些物品与境外世界进行交流，中国也因此被叫做 China。

四、古代丝绸之路的现代意义

公元 97 年，距今大概 2000 多年，班超打通丝绸之路后，派了一个叫做甘英的使者出使大秦。甘英历经千难万险到了波斯湾以后，停在安西，也就是现在的巴格达，准备继续西渡。但是看到波斯湾水高浪急，而且得知即便渡过波斯湾以后也要再花几个月才能走到大秦，甘英放弃了这个计划。史书上记载，甘英由此从波斯湾回来向班超复命。班超很气愤，又派出其他的使者继续出访。历史学家因此推测，如果早在公元 97 年，甘英越过波斯湾到达了欧洲世界，就可能会对欧亚之间的文化和贸易，乃至于欧亚政治版图产生重大影响。由此可见，古代丝绸之路的重要历史影响。即便在数百年之后，这条通往欧洲的商贸之路才断断续续被走通，依旧不影响古代丝绸之路成为一条连接东西方文化和贸易要道的历史地位。

"应驼白练到安西"。中原地区生产的丝绸、茶叶，通过丝绸之路交换回稀有的玉石、皮毛、珠宝。在商品交换不断繁荣的同时，文化、宗教等人文交流也日益活跃，文化与宗教的交流随着人流、物流、商流不断传播、融合、发展，促进了亚欧大陆文化的交流。由此，丝绸之路不仅成为亚欧国家互通有无的商贸大道，也是促进亚欧各国和中国友好往来、沟通东西方文化的友谊之路。

19 世纪末，德国地质学家李希霍芬将这条东西大通道誉为"丝绸之路"。德国人胡特森在多年研究的基础上，撰写成专著《丝路》。从此，丝绸之路这一称谓得到世界的认可。因为丝绸在罗马最有名，就像现在的奢侈品，是当时贵族高贵身份的象征。但当时在丝绸之路交易的物品中，丝绸的比重占得并不大，但它却是最有代表性的，因此这个名称流传下来。这样的命名方式和现在的"孔子学院"命名方式如出一辙。

从国际地缘政治的视角出发来看，丝绸之路经过的区域是世界的心脏地带。欧亚大陆陆地上相连，虽然分为欧洲和亚洲两大洲，但是实际上是一个陆上大岛。新疆维吾尔自治区以西，俄罗斯以南，构成了亚洲大陆的心脏地带。国际地缘政治学的理论观点认为，谁能够控制这个地区，就控制了亚洲大陆；控制了亚洲大陆，就控制了世界版图。而心脏地带的边缘恰巧就是丝绸之路的边缘。这又赋予了丝绸之路丰富的地缘政治含义。

五、"一带一路"：新丝绸之路的时代意义

探讨"一带一路"的深刻含义无法避开全球化这个视角。全球化要求各个国家在全球分工体系中，找到自己的定位，全球范围内的商品流通、文化交流以及人员流动都形成了前所未有的规模。伴随着这个过程中就需要打通货物等生产要素的运输通道，既包含有形的，也包含无形的。这是现在"一带一路"诞生的深刻时代背景。以欧亚大陆桥为例，它东起中国连云港，经郑州、西安，到莫斯科、华沙、柏林，终点站是荷兰鹿特丹，一头是太平洋，一头是大西洋，把货物从东到西的运输，这就是经济发展

的实际需求。"一带一路"实现了这样的互通互联。和古代丝绸之路相比，尽管现在"一带一路"走向相同，范围相同，但是由于运输技术的发展，使更加高效、便捷的运输通道的建设成为可能。同时，互利共赢的理念与和平发展的外交政策促进了更加安全的商品运输环境。这是一个质的飞跃。

以"海上丝绸之路"上的巴基斯坦瓜达尔港为例。瓜达尔港地处巴基斯坦西部，中东石油通过瓜达尔港，从陆路经中巴经济走廊进入中国新疆地区，可把中国目前绕经马六甲海峡的石油运输航程缩短70%以上。如果从我国中西部省份的货物直接通过瓜达尔港运输，将大大降低对马六甲海峡的依赖。瓜达尔港的例子充分说明了人类在不断追求更便捷、更高效的经济运输方式这一亘古不变的规律。这就满足了人类社会发展过程中，随着商品交换规模的扩大，不断催生对经济合理性的新的需求。因此，瓜达尔港的建设就构成了中巴经济走廊的一个重要部分，成为现在"一带一路"建设的标志性项目。

全球化的表现是在全球范围内实现商流、物流、人流的流动，其本质是市场机制在全球范围内发挥作用，通过市场机制的资源配置和运行调节，不断实现商品、人员和资金跨国界的自由流通。过去因为有很多政治因素的制约，例如从20个世纪50~90年代的冷战时期，苏联和东欧社会主义国家组成的华沙条约组织与美国和西欧资本主义国家组成的北约组织，两大阵营在欧洲大陆形成全面对峙。在这样的时代背景下就不可能搞全球化的商品流通，即便历史上的丝绸之路已经存在，类似"一带一路"这样的概念也不可能提出来。进入 21 世纪后，全球化时代的自由流通进一步发展，经济活动在全球范围内进行选择和配置的要求进一步突出，亚欧大陆桥这样的通道重新打通被提上议程，""一带一路"这样的概念才有可能被提出和实行。因此全球化是现代"一带一路"的大背景。

"一带一路"作为新时代的丝绸之路，对中国发展的意义巨大。从中国的区域经济来看，现在已经形成三大重要战略：第一个是"一带一路"战略；第二个是"长江经济带"战略；最后一个是"京津冀协同发展"战略。这三个战略是互相作用和影响的。通过京津冀、长三角以及珠三角这三大城市群经济的协调发展，与"一带一路"这个对外战略结合在一起，就可促进内外协调发展，使中国经济布局更加合理，推动经济更加均衡的发展，创造更好的发展动能，保持经济中高速的增长。区别于"长江经济带"战略和"京津冀协同发展"战略主要是面向国内的战略，"一带一路"战略则是国内外一身二任，所以是中国新一轮对外开放战略的首选。

"一带一路"本身的具体内容在第三讲会展开。"一带一路"战略，作为新时代的丝绸之路，其重要意义至少有这三个方面：一是为经济全球化条件下人流、物流、商贸活动的开展，提供了更加便捷的运输通道。比如欧亚大陆桥就是典型的例子，体现了人类发展对经济合理性的不断追求和更高效率的实现要求；二是为中国经济发展提供了新的发展空间，为中国的和平崛起提供了平台；三是为沿线各个国家和地区的合作提供了新的范式，为世界经济的再平衡发展提供了新的途径。

让历史告诉未来。从这三个方面出发,应该认识到,中国现在提出"一带一路"倡议,不仅是简单地重新打通历史上的丝绸之路,而是在新的背景下,赋予其更多新的时代内容。"一带一路"正在创造新的历史。

本讲参考文献

1. 《"一带一路"白皮书》,《中国国家地理》2015 年10 月特刊。

2. 刘迎胜著:《丝绸之路》,江苏人民出版社2014年版。

3. 约翰·赫斯特著,席玉萍译:《极简欧洲史》,中译本,广西师范大学出版社2011 年版。

4. 高洪雷著:《另一半中国史》,文化艺术出版社2012 年版。

第三讲 "一带一路"战略
提出的宏观背景

对"一带一路"的深入研究，可以挖掘不同的历史文化，可以看到很多风土人情，但是它的核心还是经济利益机制。所以，"一带一路"总体上是个经济战略，其他都是围绕这个经济战略的内核开展的。

一、"一带一路"战略提出的国际背景

2015年10月公布的《中共中央关于制定国民经济与社会发展第十三个五年规划的建议》，指出"十三五"时期中国发展面临的国际环境的基本特征是：

（1）和平与发展的时代主题没有变，世界多极化、经济全球化、文化多样化、社会信息化深入发展，世界经济在深度调整中曲折复苏，新一轮科技革命和产业变革蓄势待发，全球治理体系深刻变革，发展中国家群体力量继续增强，国际力量对比逐步趋向平衡。

（2）同时，国际金融危机深层次影响在相当长时期依然存在，全球经济贸易增长乏力，保护主义抬头，地缘政治关系复杂变化，传统安全威胁和非传统安全威胁交织，

外部环境不稳定、不确定因素增多。

具体来看，世界经济在深度调整中曲折复苏，但是增长乏力。2009 年在世界金融危机后，全球 GDP 增速为 -2.1%，各个国家包括中国相继推出刺激经济发展的政策，2010 年增长恢复到4%左右（见图 3 - 1）。但是此后一路下滑。据权威投行预测，2016 年全球 GDP 增速在 3%左右。

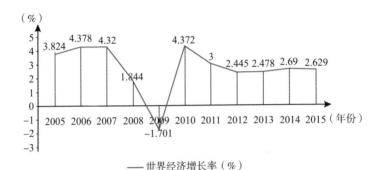

图 3 - 1　世界经济增长率（2007～2015）

资料来源：世界银行（http：//data. worldbank. org. cn/indicator/NY. GDP. MKTP. KD. ZG？ end = 2015&start = 2005）。

分经济板块看，目前全球经济主要有四个特征：（1）美日经济有所复苏，增长趋势增强；（2）欧债危机趋缓，欧洲经济温和增长；（3）新兴市场成为全球经济增长重要动力；(4)"一带一路"沿线国家成为世界经济增长重要动力。

1. 美国复苏提速

从美国来看，权威投行预测美国 GDP 近年可以实现 3%左右的经济增速，可见美国经济在发达国家中还是比较早开始复苏的。

根据对美国进行的 SWOT 分析可以看出，美国经济之所以实现较早的复苏，是依靠其所具有的创新等优势，这主要集中表现在大学、企业制度、企业管理、产业制度、创新和资本市场方面。因此中国要实现创新引领，学习的榜样依旧是美国，创新的基础依然是教育。美国处于领先优势但已呈现衰退趋势的则是劳动力、物流基础。近几年，通过新一轮的技术革命，美国促进了新兴产业的发展，如新材料、新能源的发展，比如，页岩气的开发技术创新，就降低了开采成本，并有望代替石油。因此美国新一轮的"再工业化"，不是再去制造汽车，也不是发展钢铁产业，而是发展新的产业，实行经济转型，这也是中国经济今后要走的路。

2. 欧洲经济增长缓慢

从欧洲来看，近年其各国 GDP 年均增速仅为 1% 多，主要是受累于以下三大原因。首先是宏观经济调节机制存在缺陷。在一个国家或者经济体内部，货币政策与财政政策应当协调。由 20 多个欧洲国家组成的欧盟，成立了货币委员会统一货币政策，但是各个国家还拥有自己的财政主权。这样，财政政策与货币政策经常不能统一协调。这样，对欧盟来说就增加了调控经济的很多矛盾。其次是社会福利包袱过重。据统计，欧洲国家福利支出占 GDP 总量的 30%，高于美国的 16%，日本的 19%。[1] 近年大量难民

---

[1] 联合国：《2015 年世界经济形势与展望》，2015 年 7 月。

进入欧洲国家，就是希望能够享有欧洲国家的福利。庞大的福利开支，对财政来说是一笔不菲的支出。同时一些国家财政收入增长缓慢，结果就出现了主权债务到期无法还本付息的欧债危机。希腊、意大利都是这个问题。在经济不景气的情况下为使财政得到平衡，这些国家只能削减福利，但引起了民众大规模抗议。2016 年的英国"脱欧"就是这些矛盾发展的一个结果。因此，对欧洲这样一个工业化成熟地区的经济来说，十分需要有新的投资项目，产生新的需求。这也是为什么欧洲国家会比较积极参加中国"一带一路"战略的一个重要因素。

3. 新兴经济体贡献显著

新兴经济体对世界增长的贡献，主要表现在金砖五国（BRICS）：巴西、南非、俄罗斯、中国、印度。目前新兴经济体对世界经济增长的贡献已经由 2000 年的"四六分"转变为 2015 年的"七三分"，增长十分迅速。在正常的增长速度下，预计到了 2025 年，BRICS 国家将超过发达国家G6 经济总量的一半，2050 年则将超过 G6 的总和。那时中国将成为世界最大经济体。根据英国宏观经济预测机构CEBR 的测算，到 2030 年，中国、印度、巴西这三大发展中国家将成为世界经济格局中的重要力量。当然新兴经济体国家的发展也是不平衡的。2017 年 9 月，金砖五国首脑会晤将在中国厦门举行，就是要商议协调发展的政策。表3-1 反映了世界主要经济体发展趋势状况。

表3-1　　世界主要经济体发展趋势比较（2015~2030年）

2015 年			2030 年		
排名	国家	GDP（百万美元）	排名	国家	GDP（百万美元）
1	美国	17968	1	中国	43637
2	中国	11385	2	美国	33985
3	日本	4116	3	印度	10590
4	德国	3325	4	日本	6369
5	英国	3039	5	巴西	5617
6	法国	2418	6	英国	4421
7	印度	2183	7	德国	4397
8	意大利	1816	8	韩国	3671
9	巴西	1800	9	法国	3469
10	加拿大	1573	10	俄国	3383

资料来源："Global Trends 2030"，《全球发展趋势2030》（2012）。

从长远发展看，世界经济发展是否能够实现长期均衡发展呢？法国经济学家皮凯迪在其前几年出版的著作《21世纪资本论》中认为，未来最大的问题是贫富差距日益扩大。他通过整理过去200多年的经济数据，发现原因在于资本回报率高于经济增长率的机制，按照中国民间的说法就是："屌丝再努力也超不过富二代"。皮凯迪认为，最终的发展结果并不会像马克思描述的那样资本主义世界会最后毁灭，但贫富差距过大的问题却必须解决。解决的方法则是通过税收，要通过对富人征税来调节收入平衡。然而，西方国家税收制度的调整受相关政治势力的影响，因此有很大的难度。比如美国就存在大量院外活动，调整税收制度的可行性并不大。

4. "一带一路" 沿线国家成为世界经济增长重要动力

根据英国第三方预测机构 CEBR 对 2010～2030 年世界各国经济增长率进行的预测，世界经济增长率的普遍预期约为 3%，而相较之下，"一带一路" 沿线的发展中国家 GDP 增长普遍在 6% 左右，将成为世界经济最活跃的地区，表 3-2 反映了这个状况。

表 3-2　　　"一带一路" 沿线发展中国家 GDP 增长预测

国家	GDP 增长率（2010～2031 年）	区域
阿富汗	5.5	南亚
孟加拉国	6.1	南亚
不丹	7.2	南亚
中国	5.6	东亚
印度	7.0	南亚
印度尼西亚	5.6	东南亚
伊拉克	5.6	西亚
老挝	7.6	东南亚
蒙古	6.7	东亚
缅甸	6.8	东南亚
巴基斯坦	6.6	南亚
菲律宾	5.3	东南亚
斯里兰卡	6.6	南亚
塔吉克斯坦	5.0	中亚
土库曼斯坦	7.7	中亚
乌兹别克斯坦	6.3	中亚

资料来源："Global Trends"，《全球发展趋势 2030》（2012）。

二、"一带一路"战略提出的国内背景

前文提到的《中共中央关于制定国民经济与社会发展第十三个五年规划的建议》还认为，我国物质基础雄厚、人力资本丰富、市场空间广阔、发展潜力巨大，经济发展方式加快转变，新的增长动力正在孕育形成，经济长期向好基本面没有改变。

同时，我国经济发展不平衡、不协调、不可持续问题仍然突出，主要是发展方式粗放，创新能力不强，部分行业产能过剩严重，企业效益下滑，重大安全事故频发；城乡区域发展不平衡；资源约束趋紧，生态环境恶化趋势尚未得到根本扭转；基本公共服务供给不足，收入差距较大，人口老龄化加快，消除贫困任务艰巨等。

因此概括起来，中国经济的双重任务就是转型与增长。增长就是要在"十三五"阶段继续保持经济向上的发展，完成全面建设小康社会的任务。转型则是解决好过去发展中的问题，如发展结构的问题、发展动能的问题，通过创新实现经济的升级。而且转型和增长需要结合，在时间与空间上互补。2015年中央提出了进行供给侧结构性改革的重大思路，年底的中央经济工作会议上提出"去产能、去库存、去杠杆、减成本、补短板"的具体政策，针对的就是突出的产能过剩，效益不高的问题。这些都是"一带一路"倡议形成的重要因素。而"一带一路"一旦实施，实际上可以通过以空间换时间，助推转型与增长的双重任务的完成。

三、中国经济发展环境分析

现在中国经济进入新常态，过去高增长的时代已经一去不复返，要从过去高速的增长转变为今后的中高速增长，现阶段大体上是在 6.5% ~7% 的经济增长阶段。这个增长速度是可以实现的，因为中国存在促进经济长期平稳增长的四大因素：

（1）有广阔的内需市场。中国有 13.7 亿的人口，消费市场潜力很大。比如，近年春节都有 600 万以上人次出国旅游消费，购买很多的国外产品。如果放在国内，则是一个庞大的消费需求数量级。

（2）劳动力的比较优势还存在。尽管劳动成本在上升，但从全世界来看，中国劳动力的受教育程度和工资水平依旧具有很大的竞争力。例如，近年一些企业选择到越南、老挝办厂，他们虽然工资便宜，但是毕竟这些国家的劳动力受教育程度不如中国，劳动生产率不如中国，这些工厂最后又迁回中国。

（3）体制改革的空间依然巨大。通过改革可以分享市场经济改革的红利、创业发展的红利。

（4）快速城市化的推动。目前 56% 的城市化率，是人口城市化率，但是户籍人口城市化率只有 40% 左右。把大约三亿左右农村转移人口实现城市落户和农村就地"上楼"，可以创造万亿级的需求，推动中国经济的增长和长期发展。

这 4 个因素集成发挥作用，还需要实现中国经济增长的动力转换。李克强总理称之为动能，就是推动机器运转的能量。因此"一带一路"战略就与"中国制造2025"、"互联网＋"等方面的国家战略相辅相成。现在中国的经济发展阶段特征表现为工业化走向后期、对外开放进入新阶段、小康社会建设进入新时期。这些都会促进中国经济的长期增长。其中对外开放进入新阶段就要有一个新的战略，而建成小康社会是党的第一个百年目标，这是一个总目标。"一带一路"就是在这个背景下形成并提出的。

四、未来中国经济增长问题

要在2020年左右完成全面建成小康社会的目标，就要求经济增长保持一定的速度。世界统计数据证明：人均GDP与期望寿命指标高度相关。经过测算，中国经济6.5%的增长是下限，这就需要解决经济长期增长的动力来源，主要是解决需求总量和供给结构问题。

如前所述，支撑未来中国经济增长的因素还不少，今后基本可以保持7%左右的增长。但由于全球化与人口红利减弱、经济转型、结构调整和基数增大，经济的减速势在必然。所以2016年两会提出6.5%～7%的增长目标，第一次用了区间的概念，以应对不确定、不稳定的因素。在这个过程中，还要通过创新实现低要素成本条件下形成的"效率驱动"向"创新驱动"的发展。通过推进改革，实现"制度创新"。

五、当前中国经济发展的几大隐患

1. 经济结构失衡问题

供给侧对应的是需求侧。需求分为投资（中间产品）、出口、消费（居民消费、社会消费），代表了拉动经济增长的"三驾马车"。2015 年，中国投资、出口、消费增速分别为 10%、– 2.8% 和 10.7%，全年 GDP 增速 6.9%；而相较之下，过去的 20 年，投资、出口、消费平均增长为 20%、20%、15%。中国经济增长的结构出现了严重的失衡问题。过去的经济发展过程中，需求主要靠投资和出口拉动。企业获得订单以后，开足马力生产，经济总量就能够获得大幅的增长。但是从 2012 年以后，这样的局面难以为继。一方面要扩大消费比重，另一方面要减少生产领域产生的消耗。这样，2015 年就提出了供给侧结构性改革的方针。供给的本质体现在劳动力、资本与土地三大生产要素的重新分配。曾经刷爆朋友圈的关于中国人到日本买智能马桶圈的信息，就是一个很好的例子。为什么国人要到日本买马桶圈？因为国内的供给无法与需求相匹配。因此就要进行供给侧结构性改革。另外，对于不符合市场需求的供给，本质上是对生产要素的浪费。这类"僵尸企业"产品无法实现价值的跨越，但是依然通过银行贷款等诸多方式在维持经营，根本上无法推动消费的提升。所以要通过"三去一降一补"等具体工作来解决这个问题。

2. 产能过剩

2003 年，中国只有三个行业产能过剩：钢铁、水泥、电解铝。到 2013 年则有 19 个行业产能过剩：炼铁、炼钢、焦炭、铁合金、电石、电解铝、铜（含再生铜）冶炼、铅冶炼、锌（含再生锌）冶炼、水泥（熟料及磨机）、平板玻璃、造纸、酒精、味精、柠檬酸、制革、印染、化纤、铅蓄电池（极板及组装）。去产能过剩，一方面要减员增效，但另一方面，去产能又必须和维护工人利益结合起来，不能造成第二次下岗潮。前些年有一部电影《钢的琴》，就生动地反映了 20 世纪 90 年代第一次下岗潮工人生活的情况。所以这一次就需要通过时间与空间的转换来比较平稳地实现转换。

3. 地方政府债务

前几年，许多地方政府通过一些平台，成立很多公司，以政府的信誉和政府的资产抵押向银行借钱，然后去进行基础设施建设投资，结果欠了银行很多钱，背了大量债务。2013 年，国务院进行了全面审计，发现政府需要偿还的债务有 20 万亿元左右，担保责任的债务约 3 万亿元，可能承担救助责任的有 6 万亿元左右。政府用融资平台来借款，建设工业园区，促进地方经济的增长，再通过税收的增长，来偿还银行债务。但是如果处理不好，这些债务不能按期归还，就会像定时炸弹一样引发全面危机。所以这里就涉及基础设施以及投下去的产能如何发挥效益的问题。要想尽办法使政府债务按时偿还，不能转为危机。因此除了出台具体政策进行债务错配外，根本之道是保持稳定的经济增长。

4. 劳动力市场发生重大变化

中国正处在快速城市化的进程，劳动力也随城市化而发生着变化。2015 年，我国人口城镇化率达到55%，2016 年已突破56%。从劳动力市场来说，目前中国已跨过"刘易斯拐点"，进入劳动力总供给曲线的下降阶段。事实上从 2012 年起，劳动力价格已经普遍上涨（见图 3 – 2）。

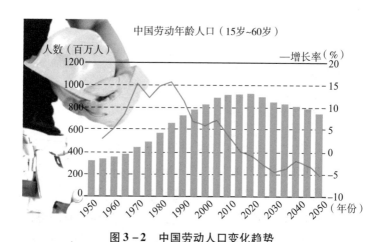

图 3 – 2 中国劳动人口变化趋势

资料来源：国务院新闻办公室图片库（China Foto Press）。

另外一个问题是人口红利逐步消失。可以看一下每一百人里的工作人数占比，20 世纪 50 年代是 62 人，60 年代逐步下降到 50 人以下。80 年代改革开放以来一直上升，2010 年达到 72 人左右。这个上升主要是源于 60 年代国民经济调整后出生的"婴儿潮",这一代大量的人口在80年代陆续进入劳动年龄。这些人口进入城乡市场成为劳动力,适逢中国的改革开放,大大地推动了中国经济的高速发展。但是劳动人口占总人口的比例在2010年开始慢慢下降,主要是源于60年代出生的"婴儿潮"一代逐步开始进入退休年龄,加上年轻人口的供给减少,原本拥有的人口红利逐步下降。在这个趋势下,未来经济的增长,就要通过增加教育红利来推动。要逐步提高人口素质,提升劳动生产率,来抵销人口红利销失对经济增长造成的负面影响。

六、跨越"中等收入陷阱"

2006年,世界银行在一份报告中首次提出"中等收入陷阱"这个概念。该报告将世界200多个国家和地区按收入分为五个阶段:高收入、中高收入、中等收入、中低收入、低收入。其中高收入为年人均GDP达到12000~13000美元及以上,低收入为500美元以下,中等收入为7000~8000美元。一部分南美国家在人均收入达到6000~7000美元以后,由于各种原因无法实现持续增长,这就是所谓的"中等收入陷阱"。

改革开放初期,我国人均GDP为300美元左右,而在三十多年后已进入中等收入阶段。2016年我国人均GDP达到8000多美元,进入中等收入区间。这样,跨越"中等收入陷阱"就成为一个现实的挑战。

从全球的经验来看,全世界真正实现从低收入阶段进入中等收入阶段，再顺利进入高收入阶段，只有两个国家和地区，一个是韩国，一个是我国台湾地区。还没有像中国这样一个大国能够实现从低收入阶段进入中等收入阶段，再平稳进入高收入阶段的先例。

中国能否跨越中等收入陷阱？经济学家林毅夫对此较为乐观。他认为到 2020 年中国 GDP 会达到 100 万亿元人民币，人民币对美元汇率将会实现 5∶1，即 GDP 总产值将约为 20 万亿美元，若除以到那时的 14 亿人口，则人均收入将超过 1.3 万美元，中国将进入高收入国家。财政部前部长楼继伟对此则比较谨慎。2015 年 4 月，他在庆祝清华经管学院成立 30 周年论坛所作的报告中认为，中国存在着无法顺利跨过中等收入陷阱的可能性，主要是由于现在企业劳动力成本上升超过了劳动生产率的提高幅度，挤压了企业利润以及政府税收，造成了整体经济效率的大幅度下降。因此，他建议进一步降低劳动生产力的成本，包括去除公司法、合同法中对工人硬性保险的相关规定。近年来外资企业在中国市场投资的减少从某种程度印证了楼继伟的观点。尽管美国劳工成本较中国高出 3 倍，但美国的劳动生产率是中国的 5 倍，同时税费比中国还要低。比较之下，一些企业就选择向美国市场的流动，带动了美国经济在金融危机后的复苏。2016 年福耀玻璃董事长曹德旺就用自己企业的例子说明了这个过程。

实际上这两个观点是可以互补的。中国要顺利跨越中等收入陷阱最主要的矛盾是看经济能否保持持续、稳定的增长。既要通过创新发展和市场激励，提高微观企业的劳动生产率，还要通过经济结构调整，在保持总需求的稳定增长的同时，完成供给侧结构改革，提高整个宏观经济的潜在增长率。同时在对外经济联系方面推出新的发展战略，创造和分享全球化的红利。

"一带一路"倡议和战略就是在这个国际国内大背景下应运而生的。

本讲参考文献

1.《中共中央关于全面深化改革若干重大问题的决定》，新华网，2013 年 11 月 16 日。

2. 联合国：《2015 年世界经济形势与展望》，2015 年 7 月。

3. Bhattacharyay，Biswa Nath，et al. Infrastructure for Asian connectivity. Edward Elgar，2012.

4. 林毅夫等著：《供给侧结构性改革》，民主与经济出版社 2016 年版。

第四讲　理解"一带一路"
本质的理论模型

在人类思维和研究活动中，对于复杂的经济现象，需要用抽象法提炼其本质内容，建立理论模型，以更深刻地理解其本质内涵。在思维活动完成后，要用人类所通用的语言、数学模型公式，或者图表的形式进行抽象概括和表述出来。如果被理论或者经验证明是对的，就能够通过理论模型很好地认识具体事物，并且预测其未来的发展。这就是所谓的理论模型方法。

"一带一路"作为发展中的经济战略，涉及国内外的政治、经济、文化、外交等方方面面，更是需要从根本出发，通过最基本的模型来认识"一带一路"的本质，进而指导实践。本讲就来完成这个过程。

一、"一带一路"战略的供给与需求分析

"一带一路"对外是和平发展倡议，对内是对外开放战略。那么，又怎么理解"一带一路"作为一个国际合作项目新的定位呢？实际上这是对项目实施的主体企业来说的。所以需要从微观层面分析"一带一路"作为一个全新

的国际合作模式其内在的赢利机制。

首先,可以运用经济学原理,对"一带一路"进行供求分析。

近年来以中国为发展中国家代表的新兴市场成为世界经济增长的重要动力。以中亚、西亚为代表的亚洲发展中国家市场广阔。根据亚洲开发银行的测算,未来8～10年,亚洲每年的基础设施资金需求将达到7300亿美元;根据世界银行的测算,亚洲每年基础设施资金需求约为8000亿美元。与此同时,亚洲开发银行和世界银行两个最大的金融机构每年在亚洲地区基础设施的投资总和只有300亿美元左右。因此,亚洲基础设施建设面临着巨大的融资缺口。同时,资金欠缺制约了基础设施建设,也制约了以中亚、西亚为代表的发展中国家和地区的经济增长。这是"一带一路"倡议经济层面的需求面。而中国经济由于结构转型而形成的生产能力富余、拥有竞争力的中高端技术和庞大的外汇储备,又形成了"一带一路"倡议经济层面的供给面。这个供需结合就形成"一带一路"战略内在可行的经济逻辑(见图4－1)。

(1)供给分析。供给方面的情况主要表现在以下几个方面:第一,中国经济结构转型的需求。投资和消费需求增长放缓,产能过剩,需要寻求新的市场空间。目前中国经济处于新常态。经过30多年的发展,已经成为世界第二大经济体,但是已经不能沿用过去"国际大循环"的套路,即把国外市场作为引导需求的主要动力,以廉价劳动

中国经济新常态	"一带一路"成为国家战略构想	中亚、西亚为代表的亚洲其他国家
• 结构转型的内在要求：投资和消费需求增长放缓，产能过剩寻求新的市场空间 • 制造业，特别是中端制造业达到一定水平 • 庞大的外汇储备，寻求稳健的投资项目与机会		• 市场广阔，亚洲每年基础设施建设资金需求达8000亿美元 • 基础设施投资具有正向的外溢作用，带动地区经济发展 • 资金缺口巨大：亚洲基础设施建设资金缺口约为5200亿美元/年

图 4-1　"一带一路"战略的经济学供需分析

资料来源：笔者根据相关材料整理得来。

力加入国际分工体系，两头在外，以牺牲环境、资源为代价进行发展。因此必须进行结构转型。与此同时，中国已形成了一个庞大的产能，在经济转型过程中需要比较好地使用这些产能，将其充分利用。相对于需求来讲，供给多了，就是过剩。许多产品，如钢铁、煤炭、建材等的产量，中国现在都是世界第一。但是若能找到合适的需求，这些产能将会被比较充分地利用起来。第二，通过近40年的改革开放和发展，中国已经掌握了一些很好的有全球竞争力的中高端技术，这些成熟的技术性价比很高。比如高铁、动车、核电站制造技术均在全球占有优势。这倒不一定说它们的质量是最高的，而是说它们的性价比特别适合发展中国家的需要。这里的性价比是指建造成本与其安全运行提供的服务质量的比值。此外，还有港口的建设能力、高速公路、桥梁的施工建设能力，以及具有熟练施工经验的劳务水平等，都有很强的竞争力。第三，有庞大的外汇储备。中国外汇储备最高的时候超过 40000 亿美元，目前维持在 30000 亿美元左右的水平。这主要是通过发展外向型经济，形成贸易顺差，再通过强制结汇，即结汇后人民币放出来，外汇就留存起来这个过程形成的。这样在不断地发展过程中，积累了 3 万亿美元。这 30000 亿美元中有一部分需要到动荡的资本市场里寻找保值增值的途径，寻求稳健的投资项目与机会。同时也可以成为"一带一路"建设的金融先导基础。

（2）需求分析。需求分析主要是指以中亚、西亚国家为代表的亚洲国家的需求。欧亚大陆海上、陆上丝绸之路经济带的两头是发达的东亚和西欧经济圈，而中间的中亚、西亚和中东欧国家大都还处于工业化初期，对基础设施有庞大的需求。世界银行预测，今后 10 年大约会产生 80000 亿美元基础设施建设需求，那么一年就将产生 8000 亿美元需求。目前，通过世界银行、亚洲开发银行以及这些国家本身的融资、社会资金能解决 2000 多亿美元，仍然存在将近 5200 亿美元的资金缺口，构成了大量的投资需求。

基础设施建设开始时投资成本比较大，但从长期来说，它会从两个方面带动和促进经济和社会的发展。带动经济发展主要体现在对当前经济的拉动作用。就像中国在 1997 年抵御亚洲金融风暴主要是通过投资基础设施来"保八"一样。促进经济发展是指可以推动经济长远的发展。基础设施具有经济学上所讲的"外溢"作用，就是通过节省时间成本、物流成本、商务成本等效应，像水桶里的水溢出来一样，长期、隐形地推动社会经济发展。比如，过去北京到上海的火车要一天一夜十几个小时，现在高铁只要 6 个小时；过去从县城跑到省会，200 公里的路程要跑一天，现在高铁二三个小时就到了。这样说来，就可以大大节省企业和社会的交易成本，推动整个社会宏观效益的提高。所以，由于这两方面的作用，这些发展中国家就要想办法在国际市场融资，并与国外的施工队伍合作来建设自己国家的基础设施。这个需求正好就与中国的供给合拍。

那么基础设施建设的融资借款怎么归还呢？经过 5 年、10 年的建设，基础设施投入使用，就可以带来两方面的收益：一是项目自身的收益；二是推动经济发展带来的政府税收增加。这两部分收益就能够用来偿还当初的建设借款。项目本身的收益，如港口投入使用后，可以向停泊的船舶收费。再比如高铁，由于速度快，乘客多，是大规模旅客运输的首选工具。在上座率高的情况下，就可以很快地将建设铁路的成本收回，比如中国的京沪高铁线路。其次是由于创造了更多的 GDP，税基扩大了，企业缴纳了更多的税收给政府，政府就可用税收增加的一部分归还当初的基础设施投资。

自由市场经济之父亚当·斯密，他的《国富论》里有这样一段文字：在交换经济中，每个人都去尽力实现自己的利益最大化，却都达到并非他本意所要达到的目的。在市场上，铁匠就是拼命要把镰刀、锄头打出来，农民种好地，商人把东西贩运出去，他们都是为了自己的利益。但是由于市场交换机制的作用，每个人都把自己生产的东西拿到市场交换的结果是带来经济的繁荣，带来了并非他们本意要带来的社会经济结果。这就是用文字表述的一条理论模型内容，经过 200 多年一直到现在还是自由主义经济理论的精髓。亚当·斯密直至现在还是自由主义经济学的祖师爷。另外，道格拉斯生产函数、哈佛学派的 S－C－P 理论图型等，也都是经典的基本理论模型。所以，可以根据需要来提炼总结合适的理论模型，不一定都用数学公式。

二、"一带一路"战略的基本理论模型

1. 中国与亚洲国家合作的"双赢"——基本模型

可以运用抽象思维法，根据图 4－2 的基本模型来理解"一带一路"战略的运作模式。先不考虑具体因素，比如不考虑投资项目的具体施工的技术问题、当地的政治和文化问题等。

第一步，中国给这些国家提供"软贷款"，就是低息的或无息的贷款。这些国家借了中国的"软贷款"，一般必须进口中国的产品、施工劳务等，跟中国的企业签订合同来建设它的铁路、港口等基础设施。这样，拿到订单以后，在中国的施工人员开过去的同时，国内的有关厂家的订单也增加了，国内的产能得到了比较充分的利用。第二步，假设用三年、五年的时间把项目建成了，这个国家就可用项目收益和增加的政府税收来归还原来借的贷款。由于这些设施建在他们国家，就为这些国家今后的经济发展和长远的现代化提供了基础和平台。这样一来，双方就获得了"双赢"。

- **1** ·中国对亚洲其他国家提供低息贷款，并进行基础设施建设
  - ·中国资金主要源于巨额的外汇储备，沿线省份的地方版丝路基金以及以债权等形式吸收的社会资本
  - ·输出的基础设施建设包括公路、铁路、高铁、电力等产业，还将带动通信、工程机械等相关领域的产能输出
- **2** ·中亚、西亚国家落后的基础设施建设严重阻碍了当地经济发展，同时也为我国中端制造业提供了广阔市场
  - ·以中亚、西亚为代表的亚洲国家通过基础设施建设带动经济发展，用于偿还低息贷款。
  - ·结果:实现"双赢"

图 4 - 2　中国与亚洲国家在经济互动中实现双赢——基本模型（一）

资料来源：笔者根据相关材料整理得来。

　　举一个例子（见图 4 - 3），读者们看过之后就比较清楚了。比方中国跟亚洲某一个国家有 100 亿美元的一个建设计划，大家要清楚这仅是一个例子。中国提供软贷款，也就是低息贷款或者无息贷款，但是条件是进口中国基础设施生产能力，高铁、高速公路建设等。这样，中国就把这部分有竞争力的产能和劳务输送到这个国家去建设，把这个资金贷出去。那个国家用了中国的 100 亿美元，和中国企业合作进行 3 ~ 5 年建设以后，一批桥梁、高速公路、港口建成了，就为本国的经济增长提供了基础。第一个，项目本身可以有收益，第二个，经济规模增大政府税收就增加了，可以把这两部分收益在 3 年、5 年或 10 年时间内偿还贷款。当初中国借出的 100 亿美元，如果低息贷款利息为 5 亿美元，最后一共还给中国 105 亿美元。这就是"双赢"的局面。这个通过贷款创造出来的利益共同体，必须是两边一起来做才能创造出来，这就是用经济学来解释的"双赢"例子。

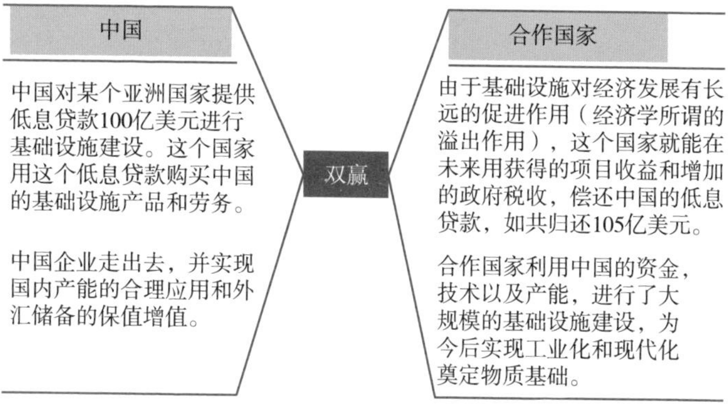

图4-3 "一带一路"双赢模型

资料来源：笔者根据整理相关材料得出。

中国赢在哪里？第一，富余的产能得到了利用，企业获得了利润；第二，原来的贷款在5年后归还了，资金得到了增值保值。当然任何事情都是动态发展的。在这一动态过程中，中国企业需要进一步提高研发、营销以及创新能力，而不是简单地把原来的产品、技术复制过去。那么其他国家赢在哪里呢？他们在合作的过程中，有形的铁路、公路、港口、桥梁建起来了，无形的施工技术、管理和市场服务的水平也提高了。而且，这些建设好的基础设施永远留在那个国家，可以为国家的长远发展服务。所以这是"双赢"。

认识到这一条，就可以理解"一带一路"战略的经济本质。为什么说它是经济战略？因为它是有内在盈利机制的，实质上这是一个基本逻辑自洽的模式。而这个盈利的回路，就成为"一带一路"战略最为微观和基础的核心。如果没有这个盈利模式作为基础，其他的工作比如国际关系、文化交流就很难去深入开展。

2. 欧洲、非洲国家参加的"多边共赢"——延展模型（一）

前述这个基本模式中回答了中国与中亚、东亚国家如何双边共赢的问题。不妨再把基本模型拓展到非洲和欧洲国家。非洲国家可不可以参加"一带一路"？当然可以。林毅夫教授讲过，非洲国家和许多亚洲国家处于同样的经济起飞的前夜，需要用基础设施支撑未来的工业化和现代化。所以非洲国家也可以加入。把刚才讲到的模式用于非洲国家，就像应用于一些亚洲国家那样。特别是东非本来就是海上丝绸之路的一部分，西非、南非的国家也都可以加入（见图4-4）。

图4-4 中国与非洲、欧洲国家实现多边共赢——扩展模型（一）

资料来源：笔者根据整理相关材料得出。

欧洲国家也同样适用于这样的延展模型，但是在模型中所扮演的角色却与非洲国家截然不同。欧洲国家大部分是成熟的工业化强国，欧盟是世界一个发达的经济体。但这几年经济增长乏力，急需新的需求来促进经济增长。所以对这样一个巨大的、每年有5000多亿美元的基础设施建设市场，欧洲国家当然很想加入，而且它们也有能力加入。具体表现在欧洲发达国家拥有高端的技术，包括高铁、核电、空客飞机等制造技术，还有研发和营销经验，在很多领域上都超过中国。如果欧洲企业和中国企业联合在一起，到一个国家合作去建基础设施，将形成"第三方合作计划"，一种新形式的"国际产能合作计划"。谁是第三方？第一方是中国，第二方就是合作进行基础设施建设的那些个国家，第三方就是欧洲等发达国家。欧洲国家参与进来的形式很多，可以采用股份制，跟中国一起在当地建立合资公司。这样来说，原本的"双边共赢"模式就变成了"多边共赢"，就是两个以上国家的共赢。欧洲国家加入后得到了什么？他们得到了巨大的市场。它们的产能、研发能力、营销能力就可以释放出来。中国欢迎不欢迎？当然欢迎！因为中国经济要转型、技术要升级，与欧洲国家一起合作建设项目，中国企业可以学到很多东西。

这样就把前文的基本模型扩充了一下。理解了这个模型，就能够对许多国际关系行为有更好的理解。2015年习主席访问英国，2016年访问了捷克。李克强总理访问法国，都得到了最高级别的礼遇。关键是什么？国家利益。2015年亚投行成立的时候，英国在西方国家中第一个报名，就是看到了"一带一路"里面巨大的商机。

它的精明就在这里。所以就可用理论模型来解释英国的这种行为。反过来，这也证明了这个"双边共赢"的模型的可行性。

3. 北美国家参加的"多边共赢"——扩展模型（二）

我们把研究进一步扩展到北美。美国能不能加入？当然可以，加拿大也可以。原理就跟前文一样。现在美国由于政治原因，暂时没有加入。但由于存在同样的机理，北美可以加入过来，因为其有好的研发技术，和欧洲一样先进的制造业，无非现在也缺乏需求。中国可向欧洲和北美国家学习先进制造技术、研发、营销等，在动态中改变中国经济结构。所以这个模式完全可以的。将来也可以包括日本，现在不加入是政治问题，以后不排除加入此合作模式。因为这些巨大需求为金融危机后的世界经济提供了一个很宝贵的重振机遇。在基础设施建设需求成为当代世界"奢侈品"的时候，亚洲、非洲这些发展中国家有着这么巨大的"金矿"，为什么不可以共同开发建设？所以，"一带一路"盈利原理要讲清楚，而不是光喊口号，口号建立在盈利基础上，而这个盈利一定要通过合作，大家团结一致互相协商来做才能完成。这些第三方国家可以和中国一起联合投资一个公司，一起做一个项目，各有所长，各取所需。中国的长处在于劳动力熟练又相对便宜，有多年施工的经验，国外盖一个楼要 5 年，中国半年就能建成。桥梁施工等各方面，也都有经验。还有大批便宜的钢铁、建材、水泥、机械等。美国有先进的研发和管理经验，也可以在此过程中发挥出来。同样在南半球的大洋洲国家也可以类推（见图4-5）。

图4-5 中国与非洲、欧洲和北美国家实现

多边共赢——扩展模型（二）

资料来源：笔者根据整理相关材料得出。

总的来说，"一带一路"对世界各个国家是开放的，由于有经济利益的作用，不排除今后美国等国家加入。当然前提是大家要平等协商，而且需要克服许多政治上的障碍。但在理论上已经证明，"一带一路"是可以实现"多边共赢"的。

三、"一带一路"是关系到中国发展与对外开放顶层设计的国家大战略

总结而言，"一带一路"是一个顶层设计的、由高层推动的、关乎中国发展和对外开放的国家大战略。它具有

内在的盈利机制，这个盈利机制是由基础设施建设对经济发展的两大效应来决定的。一个是推动当前经济增长，另一个是长期支持经济发展，它们同时产生协同效益。"一带一路"抓住了中国供给基础设施的技术、资金和外汇储备和劳务能力，而合作国家有基础设施建设需求这个"牛鼻子"，然后进行空间地理上的某一项目的实际合作。经过5年、10年建设，双方各得其所，获得双赢。

为什么说"一带一路"是历史上从未出现过的一个大国和平崛起的模式？就在于它的内部存在着通过合作实现"双赢"的机制，并可以给全世界提供发展的"红利"。现在中国发展了，不可能也不会去搞200年前大英帝国的炮舰政策，通过殖民政策去推销产品；但也不是富得流油，到处去"砸钱"，通过"一带一路"免费提供建设资金。中国自己的问题还没完全解决，还有5000多万人口要脱贫，建设小康社会任务很艰巨。所以必须有一个全新的商业模式来与世界各个国家进行合作，其核心就在于前文刚才分析的这个机制。这个模式在理论上是能够走通的。

目前对于"一带一路"有几种不同的说法，值得进一步探讨。

第一，区域经济说。这种说法认为"一带一路"加强了区域协作，打破点状、块状的发展模式，向纵横方向同时延伸，强调行政区间的沟通。然而实际上这些区域的互通互联，是通过刚才所讲的经济模式逐步从点状、块状发展成带状的。以"一带一路"战略在中东欧国家捷克的落地实施为例。中东欧国家低于西欧国家的发展水平，所以它们也需要基础设施建设。中捷之间有深厚的合作关系，20世纪50年代中国第一个五年计划的时候，东欧国家中以捷克作为主要代表，向中国提供了许多工业产品，其中包括一个捷克生产的可以流动发电的列车发电站，为中国实现第一个五年计划奉献了许多，也帮助实现了初步的工业化建设。捷克其实有很多优秀的机械产品，非常精巧，这其中的技术和工匠精神都值得中国学习。

第二，国际政治说。这种说法认为"一带一路"是中国国家力量和意志的体现，表明中国希望在国际政治舞台上取得新突破。这是倒果为因。先要有突破标志性的工程，做个五年、十年，中国"一带一路"的力量才能体现出来，才能在外交空间、国际治理结构等方面得到推进，所以中国现在还是要抓紧时间发展自身。

第三，人民币国际化。人民币国际化更需要有建设项目进行支撑。只有国际项目不断增加，才会带来人民币需求的上升。"一带一路"项目要进口中国的设备，支付工人工资，都需要人民币。这样人民币会在更大范围更多地使用，自然而然地会加快人民币的国际化进程。

因此，当务之急首先要做出一些标志性项目，把"一带一路"的经济盈利模式在实践中走通。在这个基础上，同时进行政治、文化、外交关系的扩展。当然，文化、政治、外交关系、教育等反过来又会促进基础设施建设。因为这个战略得以贯彻，需要一个有利的宏观环境。

总而言之，经济盈利回路是理解"一带一路"的核心内容。"一带一路"可以落地的"密码"，在于其可以利用基础设施对经济发展长远作用的盈利机制，来满足双方的需要。这是理解"一带一路"理论模型的精髓内容。

本讲参考文献

1. 陈甬军:《认识"一带一路"的经济本质和动力来源》,《中国经济报告》,2017 年第 2 期。

2. 陈甬军:《"一带一路"的理论模型研究》,《中共贵州省委党校学报》,2016 年第 1 期。

3. 韩国高、高铁梅、王立国等:《中国制造业产能过剩的测度、波动及成因研究》,《经济研究》,2011 年第 12 期,第 18~31 页。

4. 韩永辉、罗晓斐、邹建华:《中国与西亚地区贸易合作的竞争性和互补性研究——以"一带一路"战略为背景》,《世界经济研究》,2015 年第 3 期。

第五讲 "一带一路"的本质、意义和风险

2016 年 8 月 17 日,在中央推进"一带一路"建设工作座谈会上,习近平总书记指出:"以'一带一路'建设为契机,开展跨国互联互通,提高贸易和投资合作水平,推动国际产能和装备制造合作,本质上是通过提高有效供给来催生新的需求,实现世界经济再平衡"。这就从更加深入的层次提出了"一带一路"的本质问题。认识"一带一路"的意义也先从这个层面展开。

一、宏观平衡:理解"一带一路"的经济本质

1. "一带一路"的全球化背景

全球化是一个过程,就像城市化、信息化也是一个过程一样。什么是全球化,有人认为是好莱坞大片、麦当劳在世界范围内泛滥。这是一种文化现象。从经济学上来讲,全球化是指全球范围内,不受国界、行政区域的限制,商品自由流通,投资自由进行,人才自由流动。

第一次全球化是 200 年前发生的。在第一次工业革命以后，英国经过产业革命推动生产力快速发展，向全世界倾销商品。如果不对应开放本国市场，英国就发动战争，将对方沦为自己的殖民地。中国鸦片战争就是一个典型，英国用炮舰和英镑把中国的国门炸开。直至 20 世纪初，美国和欧洲国家陆续跟上了第一轮的全球化进程。但是这个进程随即中断。1914 年第一次世界大战爆发，完全阻碍了全球化进程的进一步深入。第一次世界大战结束后，到了 20 世纪 20~30 年代初，又爆发了世界范围内的经济危机。随即，第二次世界大战爆发，意识形态、国家意志的对抗，战火连天的动荡局势再一次阻碍了生产要素在全球范围流动。第二次世界大战结束之后，全球原本应该走上和平发展时期，结果又形成了美苏为首的华约和北约两大阵营的对峙，社会主义国家与资本主义国家的经济联系基本断绝。这样的对峙一直延续到 1989 年的东欧剧变和 1991 年的苏联解体，拉开了新时期全球化的序幕。全球两大阵营的政治对抗基本结束，苏联分解成俄罗斯为首的 15 个加盟共和国，阻碍全球化的政治因素基本消失。

从 20 世纪 90 年代开始，新时期的全球化主要以美国为主导，大规模地在全球范围内进行。资本是逐利的，哪里有利就到哪里去；商品哪里可以获得盈利，就流通到哪里，货船就开到哪里，就到哪里投资办厂，包括人才也是这样，大量学生留学海外，毕业后在全世界范围内就业。关于这一次全球化，美国的一个作家弗里德曼在 15 年前写了一本书，叫做《世界是平的》，风靡全球。笔者当时在美国斯坦福大学访学，还买了一本英文版。

与此同时，全球化也为中国改革开放提供了国际条件。中国加入 WTO，依靠对外经济联系的国际大循环战略得以实施。

从这样的历史脉络来看，"一带一路"的成功实施也有赖于全球化的进程能否继续保持。特别是现在社会各界所关注的在"一带一路"上一些中亚、西亚国家的问题。利比亚、伊朗、叙利亚问题以及 IS 等问题都在这个区域出现，这些都会影响"一带一路"实施的大环境。虽然它不像"冷战"那么长期和全面地在铜墙铁壁的阻碍下东西方长期割裂，但是"逆全球化"的环境出现和蔓延，就会严重影响"一带一路"战略的实施。

这就是外部环境对"一带一路"的制约。现在出现的一些"逆全球化"的种种问题，主要是在世界经济下行的大背景下出现的。中国要通过扩展在国际政治舞台上，特别是经贸舞台上活动的能量，来为世界的"全球化"作出自己的贡献，就必须解决好世界经济再平衡这个问题。"一带一路"提供了这个方向上的指引。前文谈到，"一带一路"有一个内在的盈利机制，合作可以获得共赢。在这个理论指导下面，就能够集中力量来发展各个国家的合作，从而推动"全球化"的进一步巩固和发展。

2. 如何理解"一带一路"再平衡的经济本质

我们用下例进行说明。国际货币基金组织（IMF）于 2016 年 4 月 12 日发布了《世界经济展望》，数据显示 2015 年世界 GDP 总量为 77.3 万亿美元。预计 2016～2017 年全球经济增长保持在 3.1%～3.4%，即全球总 GDP 约为

79.6 万亿美元，年 GDP 绝对值增加 2.4 万亿美元左右。但是，为达到 3.5% ~4% 正常水平的经济增长，全球需求仍存在巨大的缺口，据估计在 8 千万 ~1 万亿美元。

如果今后中国在"一带一路"沿线国家项目投资超过 400 亿美元/年，按照 1：5 的投资乘数粗略估计，可产生 2000 亿美元的总需求，相当于世界经济需求总缺口 1/5 左右。这样，中国的"一带一路"建设就为世界经济再平衡做出了重要贡献。

正因为如此，2016 年 8 月 17 日，习近平主席在中央推进"一带一路"工作建设座谈会上特别强调指出：通过"一带一路"建设，"特别是在当前世界经济持续低迷的情况下，如果能够使顺周期下形成的巨大产能和建设能力走出去，支持沿线国家推进工业化、现代化和提高基础设施水平的迫切需要，有利于稳定当前世界经济形势。"

因此，"一带一路"战略，不是简单地解决中国的产能、外汇资金和建设能力的利用问题，更重要的是显示了中国为整个国际社会的积极贡献。这就是中国可以为实现世界经济再平衡做出现实的重大贡献。它的经济本质可以概括为"微观合作共赢、宏观助推平衡"。这也就是沿线国家和国际社会之所以积极参加"一带一路"建设的动力所在。正如习近平主席在 2016 年首访中东期间在当地媒体发表署名文章所说："'一带一路'追求的是百花齐放的大利，不是一枝独秀的小利。"

"一带一路"的经济本质就是微观合作共赢，宏观助推平衡。一年多来，笔者在国内和一些国家地区讲这个观点以后，许多国内外的企业家就明白了在那些政治口号里面的这个经济内容。外交活动是依附在国家利益特别是经济利益上的。在"一带一路"的经济核心讲通以后，大家就可按照这个方向解决具体的问题。

二、"一带一路"战略实施的意义

今后通过"一带一路"战略的具体实施，更加大规模地开展建设，就会对中国的发展产生各个方面的影响。"一带一路"实施的战略意义主要有四点：一是促进经济增长的动力；二是提升对外开放格局；三是进一步强化国家安全；第四是获得区域贸易主导权的掌控，以此来推动全球治理结构的改革。

1. 促进经济持续增长

"十三五"期间中国需要保持 6.5% ~ 7% 的增长。但是经济新常态的出现，劳动成本、土地成本增加，外需萎缩，经济结构转型，对中国经济造成的冲击比较大。从2013年开始，面临着过去从来没有遇到过的复杂局面，许多因素内外交叠在一起。从内部看，中国经济正处于换挡期，就像汽车换挡的时候，从高速挡换到中速挡会发生一些震动。另外经济要实现转型，结构也要调整到位。从外部看，在制约中国经济发展的几大问题中，除了一般意义上的资源约束、环境约束、市场约束、成本约束、债务约束这五大约束之外，现在外部环境的约束也十分突出。国际市场上，过去中国的体量还比较小，因此受到的关注和限制也少。但是现在体量不断加大，成为世界上最大的贸易国，进出口贸易量居世界首位，与世界原有规则的碰撞就日益突出。与此同时，又要解决经济增长所需要的需求问题，所以向境外谋求合作，实行和平发展成为一个必然选择。"一带一路"就提供了一条实现经济内外联系的纽带，形成促进中国经济持续增长的新动力。据估计，如果"一带一路"得以顺利实施，今后可以拉动中国经济增长 1 个百分点左右。

2. 提升中国对外开放新格局

十八届五中全会通过的《建议》提出，要打造陆海内外联动，东西双向开放的全面开放新格局。中国开放格局过去是陆强海弱，东重西轻，现在西部有了开放的通道，可以实行东西和海陆平衡发展，解决原来的发展历程中积累的矛盾和问题。"一带一路"提供了这样一个机制。

中国人民大学商学院课题组 2015 年下半年做了关于"一带一路"的十年货物贸易量的预测研究。结果是，到2025 年，"一带一路"沿线国家与中国之间的货物贸易量，预计可达到 3.2 万亿美元。预测的起点是 1.12 万亿美元（2014 年），是按照 7 万亿元人民币除以美元汇率 6.4 折算出来的。外贸分为两类：实体货物贸易和服务贸易。我国现在服务贸易占 10% 左右，跟其他发达国家差距还比较大，货物贸易占到 90%。假设"一带一路"发展得好，2025 年货物贸易量有望达到 3.8 万亿美元；最低估计是2.5 万亿美元，取中间状态是 3.2 万亿美元。如果按美元汇率 5.0 算，这就相当于 16 万亿元人民币。2025 年我国GDP 大概会达到 160 万亿元，也就是说，"一带一路"产生的贸易量将相当于全部 GDP 的 1/10。这是可以想象的。仍以 100 亿美元借给哈萨克斯坦为例，这笔软贷款将带动我国轨道、车辆、机械、劳务等的输出，在中国境内采购必会促进货物贸易和服务贸易。同时也要从他们国家大量进口矿石、原油。这些都可以计入贸易量进行统计，而且从西部地区进出口的比重会大大提高。

"一带一路"能不能顺利地推进取决于具体的实践。这个预测结果究竟能不能做到？在实际操作和推行"一带一路"项目时，宗教问题、文化问题、自然灾害等等，都是影响"一带一路"的具体因素。但可以肯定的是，通过"一带一路"战略的实施，中国对外开放的战略也随之发生了变化，原本东部强大，西部薄弱，陆路缺乏的对外开放格局有望被"一带一路"突破，形成比较均衡的格局。

3. 拓展战略纵深，强化国家安全

欧亚大陆是个"大岛"，中国位于其东南部这一地理位置。"一带一路"通道的打开，与中国向欧洲方向的开放都有很大关系。如果通向中亚、欧洲的通道是封闭的，那么物资还得通过沿海地区运往海外，那么经济中心偏向东南的基本面基本不会变化。但是在中国东南沿海这一块，由于政治、历史的原因，一直成为被攻击的主要区域。从日本往南，到中国台湾地区，一直延伸到菲律宾，从地理空间上看，构成了东南沿海第一岛链。美国的航空母舰就经常在第一岛链活动。在这个态势下，只开放东部，把国家的很多精华部分，如科研院校、重要的制造业都放在东部地区，很不利于国家安全。一旦有战争发生，

回旋的余地就很小。"一带一路"从战略上改变了这个布局，今后可以利用西部地区的通道，在中西部的腹地布置重要的战略设施，如高等院校、工厂、制造业等。这样，就拓展了战略防御纵深，进一步强化了国家安全。

4. 获取区域经济的主导权，推动治理结构改革

现在全世界范围内美国还是拥有最强的话语权。美国在经济、创新等方面仍处于领先地位。当然中国无须在世界范围内争夺领导权。但是，可以在亚太地区、欧亚大陆，在中国的周边地区占据主导权。而要想实现更强的话语权，就必须要通过经济上的互联互通、互惠互利，来扩大中国在区域经济乃至全球范围内的影响，推动国际治理结构的变革。

全球治理结构是国际经济关系上的一个概念，就像企业治理结构一样。股份制公司中需要设置董事会、股东代表大会、监事会，它们之间互相制约。目前全球治理结构中维持国际经济秩序的是三大组织：世界银行、WTO 和国际货币基金组织，还包括联合国下面的一些经济组织。这些组织和秩序过去主要是美国和欧洲建立、制定的，中国后来才加入。近年来通过参加 G20 协调机制，我国逐步取得了一些话语权；再加上中国经济实力不断增强，成为世界第二大经济体，外汇储备总体上也不断增加，对世界经济的影响力逐步扩大。如果通过"一带一路"建设，与沿线国家共建基础设施项目，那么中国就会有更大的话语权和经济实力对国际治理结构进行改革。通过新建立的"亚投行"、丝路基金、金砖银行等，作为对现在国际治理结

构的补充，可以进一步完善原有的秩序。它不是推翻，不是敌对，而是互补和完善。2015 年，国际货币基金组织宣布把人民币纳入 SDR，就是中国的经济实力和影响力不断扩大影响全球治理的一个具体表现。

从另外一个角度来理解，现在国际上"唱衰"中国的论调还没有绝迹。通过实施"一带一路"，推动对外开放战略的转变，提升中国经济竞争力，改善中国和平发展的外部环境等，就能通过实际行动来打造一个有利于中国发展的外部环境，帮助中国实现第一个和第二个百年发展目标。

三、"一带一路"倡议与马歇尔计划的比较

有人说"一带一路"就是中国的马歇尔计划。实际上这两者是有本质上的差别的。马歇尔是美国的将军，第二次世界大战结束后任国务卿，提出了要重建欧洲，因此有了以他的名字命名的欧洲援助计划。欧洲的许多国家在第二次世界大战中是被美国和英法联军解放的，如英国、德国、法国、意大利、希腊等。当时这些老牌资本主义国家，经过战争践踏，经济元气大伤。美国就是通过马歇尔计划用消费品来援助这些欧洲国家使其恢复经济。这跟中国希望通过"一带一路"输出产能确实有相似之处，容易让人误解。但这两者有以下几个基本区别。

1. 时期不同

马歇尔计划在"冷战"时期，是为与苏联争霸的政治目标服务的；而现在是和平发展的时期，"一带一路"跟

政治霸权没有内在联系。

2. 目的不同

"一带一路"倡议从来就没有限定哪个国家可以参加，而某些国家不能参与。但是马歇尔计划把东欧的八个国家明确排除在外。当时的捷克斯洛伐克、波兰、匈牙利、南斯拉夫等国家是由苏联红军解放的，实行社会主义制度。这些国家统统不能加入。因为这些国家是后来华约国家的成员，是美国的对手。所以，马歇尔计划的政治目的是遏制社会主义、共产主义。而"一带一路"却是开放的合作倡议与战略框架，没有说谁可以加入，谁不可以加入。既没有这个规定，也没有任何潜规则。根据前面的理论模型，只要符合各方的共同利益即可加入。你有对于基础设施等的需求，中国有充裕的资金和建设能力，双方有意愿合作，就可以签订协议，按照市场化运作的方式来做项目。如果有不合适的地方，双方可就合作的细节条款进一步谈，甚至可以选择新的第三方进行合作。

3. 经济效益不同

"一带一路"重在基础设施建设，而马歇尔计划重在消费品援助。第二次世界大战期间，美国除了夏威夷以外，本土并没有遭受到战火的侵害。因此此次战争期间美国的生产能力很充足，有大量的消费品。"二战"后美国把消费品赊借给欧洲国家，并且以美元记账。当时德国、法国等老牌资本主义国家饱经战争侵害，经济需要重建，物资十分匮乏，老百姓消费品供应不足。美国就把消费品先赊给他们，订了多少罐头、自行车、服装等均记录在册，一共127亿美元。欧洲国家重建之后，经济发展，税收增加，再以美元计价还给美国。当时美国用127亿美元的民生物资，解决了欧洲部分国家战后人民生活和国家重建的短期需要。而"一带一路"则重在基础设施建设，可以发挥对经济发展更长远的促进作用。

之所以产生这样的误解和误读，与前一阶段在对外宣传"一带一路"时候存在的问题有关。现在一定要把概念介绍清楚，要把"一带一路"可以实现合作共赢的机制介绍清楚。

四、"一带一路"战略实施的风险与困难

主要面临六个方面的风险：地缘政治风险，经济风险，市场风险，安全风险，法律风险，信息传播风险。

1. 地缘政治风险

地缘经济是由地理为单元组成的区域经济。但是地缘经济离不开地缘政治，这是国际关系里重要的理论。"一带一路"战略构想的核心内涵是主动发展与沿线国家的经济合作伙伴关系。

随着"一带一路"战略的不断推进，恐怖主义成为沿线国家五大非传统安全问题之首。自"9·11"事件之后，"一带一路"沿线地区和国家面临的恐怖主义威胁正在上升，各种形式的恐怖主义活动频繁。

2016年10月，"一带一路"国际科学家联盟智库系列

专题研究报告在北京发布了《"一带一路"生态风险与地缘战略》。其中的《"一带一路"沿线国家安全形势评估及对策》一文，在总结恐怖主义事件研究进展的基础上，根据国家恐怖主义与反恐研究联盟、经济与和平研究所、国际海事组织发布的数据，采用核密度估计法和全球恐怖主义指数分析"一带一路"沿线国家恐怖主义事件空间集聚区的时空格局特征，较为全面地评估了各国安全形势。

结果显示：从空间格局上看，1970～2014年恐怖主义事件分布整体呈现出"北非—中东—西亚—中亚—南亚—东南亚"的弧形震荡地带，南亚和中东是陆上恐怖主义集中区域，东南亚则是海上恐怖主义的热点区域；从时间演化上看，1970～2014年全球恐怖事件发生数量及死亡人数逐年增多，在2014年达到顶峰，并呈现四大主要特征。此外根据恐怖主义指数进行安全形势评估的结果显示："一带一路"沿线国家中40个处于和平状态，15个处于危险状态，11个处于震荡状态，伊拉克、阿富汗、巴基斯坦、印度、叙利亚5个国家处于高危红色区域。

基于研究结果，文章还提出建立全球安全预警和防范机制，制定国际非传统安全情报合作机制，实施国家"整体政府"反恐情报战略，多部门协调建立应急管理机制，打击虚拟空间的新型网络犯罪，高度重视跨国跨境民族宗教问题等战略对策。

除了沿线安全形势外，从全球看，"一带一路"还面临以下三个地缘政治风险：

（1）中美关系。地缘政治中的一个关系是中国跟美国的关系。美国是世界上最强大的国家，不论是政治、军事还是经济。中国不要遑论什么时候超过美国，不要按照GDP、PPP去算中国什么时候超过美国，这样没有意义。即便算对了具体数字，数字内在的质量也不同。中美关系还是世界上最重要的关系，美国对"一带一路"的影响，很大程度上会制约着"一带一路"战略的具体实施。

（2）中日关系。一方面，中日文化相近，地理相依，一衣带水；另一方面，日本仍然具有强大的经济实力，政治上在亚太地区也有很大的影响力。但是它对第二次世界大战的认识态度影响了中日关系的正常发展。因此，日本对"一带一路"就有直接和间接的政治和经济方面的影响。比如，中国印度尼西亚铁路项目就遭到了日本的阻击。日本新干线铁路的制造技术也很好，另外它整体的制造业水平比较高。同时还提供比中国更加优惠的利率来争夺项目订单。这样就对"一带一路"形成了一个干扰作用。

（3）南海主权争议问题。海上丝绸之路要经过中国的南海，还有印度洋、太平洋一带。现在越南、菲律宾等国家与中国存在部分岛屿的主权问题争议。它们又是海上丝绸之路的重要国家。如果这些政治问题没有解决好，就会对"一带一路"经济项目产生影响。菲律宾在2016年杜特尔特总统上台后，中菲两国关系明显好转，岛屿主权争议问题得到缓和，从而大大促进了两国的经贸合作发展。

2. 经济、市场风险和法律风险

在法律方面，和西欧国家相比，中亚、西亚国家最大的问题是市场经济法律制度不够完善，项目的执行和人才的培养有很大的缺口。在马歇尔计划实施期间，为什么那些西欧国家能够把美国的钱很快就还上？因为他们是依据市场经济的规矩，借了钱要还的。借了钱，三年五年，很快就还掉了，双方都得利。对于"一带一路"来说，中国这边的问题不大，关键是借出去的钱能不能在项目建设以后还上。另外，还要想办法去处理好与当地村民、土著领袖的关系，与当地的政府官员、政党的关系等等。如果这些问题使得项目不能安全施工，最后钱就可能还不了。钱还不了要去追债，谁去追？这些都是要解决的现实问题。

要解决这个问题，一方面是中国政府要出面，外交等手段要配合，双管齐下，另一方面就要在这些国家做一些基础性的工作，比如人才的培养，经济、法治的重建等等。

3. 信息传播风险

信息传播风险有两方面的含义。一个是通过传播信息，正确地告诉大家中国"一带一路"倡议是怎么回事。但是这个传播是要建立在对这个国家政治、经济、文化，还有环境、地理等长期研究的基础上。对于一些沿线的小国的基础研究工作，中国存在很大的缺失。经过"文化大革命"，经过市场经济的洗礼，包括北大、人大、复旦等名校都去研究美国、日本、英国等发达国家，对这些小国家都不爱研究，偏偏现在发展中国家成为热点，对这些国家的社会风情、历史制度变革的研究非常需要。除此之外，目前，中国的小语种人才非常缺乏。从"一带一路"建设的实际出发，这些人才应该一专多能，不能光当翻译，到了公司还要做会计、市场营销、工程监理等。这方面的人才培养缺口很大，需要加快培养。

另外一个问题是信息传播不准确。2016年春天，习主席在访问捷克期间，中国新闻媒体的报道中只提到动画片《鼹鼠的故事》。其实，中国和捷克的友谊源远流长，不仅仅只有一部动画片的故事好说。在中国第一个五年计划建设时期，当时的捷克斯洛伐克帮助建设了不少项目，比如提供了可以流动发电的列车发电站。如果能多挖掘一点这类信息，与鼹鼠的故事配合在一起，既涉及经济层面的内容，又涉及文化层面的内容，就会更加丰富和立体。

除了建立在扎实研究基础上的准确信息以外，信息传播的方式也是值得注意的。选择合适的信息传播方式才能真正促进信息的有效传播。传播是一个双向沟通的过程，不论是潜移默化地理解别人的想法，或者是让别人接受你的想法，理解是摆在第一位的。对方需要什么样的项目，铁路车厢需要怎么建设才合适，座位要怎么设计等等，这个都非常细，不能把国内的一套都搬上去，要时刻换位思考，去了解对方的想法。现在中央提出了要加强对"一带一路"软实力宣传，就是要解决这个问题。

4. 其他风险

在推进"一带一路"项目的过程中，还有其他很多领域存在风险。具体表现在各种类型的相关社会保障机构、市场中介缺失，例如债务追讨问题。发达国家有追债公司，可以委托他们追债，100万追回来的话10万归追债公司。目前我国这样的服务还是缺失的。再如，相应的保险品种缺乏，保险业不够发达。我国一个企业家团到巴基斯坦考察，想为团员购买合适类型的保险，但在却找不到一家保险公司有合适的险种。此外，还有项目与人身安全保护、国家经济和产业安全等问题，迫切需要解决。

本讲参考文献

1. 《习近平出席推进"一带一路"建设工作座谈会并发表重要讲话》，《人民日报》2016年8月18日。

2. OECD，2013，"Economic Surveys：China 2013"，OECD publishing.

3. 林岗等主编：《迈过"中等收入陷阱"的中国战略》（中国经济改革发展报告2010），经济科学出版社2011年版。

4. 林岗等主编：《"十三五"时期的中国经济》（中国经济改革发展报告2015），经济科学出版社2015年版。

5. 《"'一带一路'生态风险与地缘战略"专题》，《中国科学院院刊》2016年第6期。

第六讲 "一带一路"的盈利
"奥妙"与风险管控

前文阐述了"一带一路"的理论模型，并且讨论了实施这个战略的意义和存在的风险。这一讲再补充一下基础设施建设的盈利"奥妙"和企业对"走出去"的风险管理和控制问题，从而进一步丰富和完善对"一带一路"的理论模型和实践内容的认识。

一、基础设施的定义和划分

根据世界银行的划分，基础设施可分为经济性基础设施和社会性基础设施。经济性基础设施包括三类：第一类，公用事业，如电力管道、煤气管道；第二类，公共工程，如大坝、道路；第三类，其他交通部门，如铁路和城市交通。社会性基础设施主要包括医疗、教育、文化等。交通运输、邮电通信、能源供给的基础设施作为物质资本直接参与到生产过程中，有利于提高社会生产能力，加快经济增长速度，这是中国"一带一路"建设的主要目标。前文已经阐述了通过基础设施建设来实现共赢的内在机制。科教文卫、环境保护等基础设施有助于形成人力资本，通过发展职业教育、高等教育，可以在适龄青年身上进行人力资本投资。教育年限越高，人力资本投入越高，单位劳动生产率也就越高。一般需要对青年进行10～20年的人力资本投资。医疗卫生设施等的作用也类似，这些都会改善投资环境和社会基础结构。

二、基础设施发展模式

历史上，一些国家在建设基础设施上采用过几种不同的模式。

一是罗森斯坦－罗丹主张的"大推进"或"优先发展"模式，即在国家"起飞"之前预先大量投入基础设施。一个地区是先建港口还是等有了货以后再建港口？这个理论提倡先把港口建起来，自然会吸引货源；不要等到有货源了，再去建港口。英国历史上是超前建设，促进了经济发展。当然投资效果就比较差，建了之后要若干年才收回成本。

二是赫希曼提出来的"压力论"。"压力论"就是说有短板，工业在发展，交通运输需求在增长，结果基础设施跟不上，成为短板。大家都知道一桶水最大的容量就是由短板决定的。这块短板不补齐，上面的水就装不满。不能在基础设施出现短缺的时候，再缺什么补什么。

美国是"同步型"，经济发展总体上跟基础设施建设协调。当然美国实际上也有超前建设的阶段。20世纪30年代初的时候，资本主义第一次大危机发生，罗斯福总统实行新政，修了美国的高速公路和大坝等，为当时的经济活动创造了需求，同时为长远发展埋下伏笔。当然现在到美国去，会觉得公路挺破，但人家已经用了六七十年，中国才建了10年。现在特朗普上台后，又提出基础设施重新投资，希望用修建基础设施来抵御目前的经济衰退，重振美国经济。

中国在改革开放前，也包括之后的一段时期，基础设施明显不够。当时运煤的船只要在港口排队，煤卸不掉，必须开足马力调度。为什么要那么多船、用那么多煤呢？因为我们的工业生产上去了。华北有个大秦铁路，从山西大同到秦皇岛，不开客车开货车，装载列车几百吨、上千吨的煤，运到秦皇岛。到了秦皇岛以后通过船只运到华东（上海）和华南（广州）。过去有一段时间，经常发生压港。就是煤压在港口，南方的火电厂等着要煤，北方的煤却送不出去，说明港口建设滞后，需要扩建。大秦铁路一条线不够了，后来又建了神黄铁路，神代表陕西的神木，黄代表河北黄骅，也是专门运煤。过去的基础设施总是不够。放在现在是不是都够了呢？其实社会性基础设施还很缺乏，比如医院、学校、卫生和养老设施等。现在这方面的投资还没有完全解决，尽管经济方面的基础设施大大改善。现在基本每个省的高速公路都贯通到县，包括发达国家都很敬佩、很羡慕中国的发展。

三、基础设施与经济增长的关系

关于基础设施建设与经济发展的关系，经济学者们已经做了大量实证研究。这些研究表明，即使基础设施建设不能成为经济活动的火车头，也是促进经济发展的车轮。特别是近 20 年来，国际经济学界有很多文献，研究了基础设施和经济发展的关系。有些硕士研究生同学特别是经济类的同学，今后可以进一步钻研这个问题，作为未来博士学习的研究方向。对于大部分读者，也可以通过掌握这部分知识，更好地理解发生在你我身边"一带一路"战略的原理。

基础设施主要是通过两个方面影响经济增长。第一是转周期，也就是经济衰退的时候，可以通过投资，把经济增长速度顶起来。第二是为未来长期的经济增长埋下伏笔，在长期内拉动经济。最典型的是 1997 年亚洲金融危机后，经济发展速度掉下来了，朱镕基当时作为常务副总理，就利用发行国债进行投资。什么叫国债？就是政府凭借信誉向银行借钱，借来钱后就在国内进行数百项基础设施建设，如高速公路、铁路、飞机场等。根据宏观经济学中投资乘数的原理，1 元钱投资会变成 5 元钱甚至 8 元钱的需求。为什么？比方说，修一段高速公路花费 100 亿元人民币，企业中了标以后，就要去订货，到三一重工订 50 台机械，三一重工拿到这个订单以后，又要向上游企业订发动机、轮胎、机械配件等，这些上游的厂商拿到订单后，比如轮胎厂，它还要向橡胶厂去订货，这样一轮一轮进行下去。每一轮的企业还要给工人发工资，工人拿到工资后就要去消费，到菜市场去买油米酱醋茶。这样，最初的 100 亿元人民币就可以变成 500 亿元、800 亿元人民币，投资乘数就分别是 1∶5 和 1∶8。所以当时，大概 2000 多亿元人民币的国债投下去以后能放大到 10000 亿元的效果。而且这 2000 多亿元仅仅是政府投资，除此之外还有银行和社会配套投资。比如一个项目需要 10 个亿，政府投 20% 作为引导，引导银行和社会民营资本来投。为什么？银行本来就要把这个钱贷出去，老不贷的话就会亏损。银行要通过储蓄利率和贷款利率的利差来挣钱。所以，当时中央政府发了 2000 多亿元人民币的国债，带动了大概 20000 亿元的投资，也带动社会资金在中部、中西部地区建了很多高速公路。可能读者的家乡有许多高速公路就是在那时候建的。

这些投资起了什么作用？第一，1998 年、1999 年的经济增速上去了。本来增速是要下来的，现在凭空创造了那么多需求，于是 GDP 就上去了，达到 8%，当年叫"保八"。"保八"是什么意思？当时的经济结构与现在不同，制造业为主，外向型经济为主，经济增速不能低于 8%。低于 8% 的话，财政税收就减少了，大学生就业就成问题了，所以要"保八"。通过这种手段，成功实现"保八"，后来的经济增速到了 9% 左右。第二，为中国今后 10 年的发展埋下了伏笔。走出金融危机的泥潭后，中国经济重新起飞，这些建设好的高速公路、铁路，特别是高铁在后来的 10 年起到了骨干性的作用。而且当时的成本很低。当时修 1 公里的高速公路只要几千万元，而现在，也就是 10 年以后再来修，就要上亿元，在云贵川等地成本甚至更高。在比较便宜的时候，建好基础设施在那里放着，迎来了经济起飞，在后来中国经济的发展中发挥了基础性作用。最后，GDP 增加了，税收相应增加、财政收入增加了，再来还本金和利息。到了5年以后，按每年8%或7%的利息还给银行，银行的账面平了。银行本来就要放贷，无非就是买了政府的国债。通俗地讲，这叫做寅吃卯粮。借的钱拿过来，先创造一个新的需求。但这个需求不是空的，它会长远发挥作用。所以1997～1998年中国成功地抵御了亚洲金融危机。2008年的时候也是采取类似的做法，只不过规模扩大到四万亿元人民币，原理是一样的。原理有两条，一是通过基础设施投资把当时的经济增长速度顶上去；二是为长远的经济发展提供平台。通过1997年及其之后的建设，中国现在逐步使基础设施走在前面，推动了经济的发展。

"一带一路"的其他国家也可以重复中国的历史，无非时间上晚了20年。当然，中国也晚于发达国家50～100年。尽管时间上有差异，但是经济发展的规律已经基本上呈现出来。这就是为什么刚才的模型一直在强调基础设施在亚洲国家的重要性。"一带一路"盈利的奥秘，基础设施的作用，实际上在中国已经验证过了。

再把基础设施推动经济增长的有关路径具体总结一下。第一是增加产出，并且带动充分的就业。因为很多基础设施属于交通服务业，高铁多了，高速公路多开了班车，且都是盈利的，实际能够增加GDP，还能创造大量的就业。比如上海迪士尼就是社会性的基础设施，用于娱乐，是服务业的典型。第二是带动其他类型的投入，并且相互作用。新加坡就是一个典型，航运基础设施建设起来以后，成为金融中心、服务中心。补给设施、货物分装的商家都在那里投资。因为港口很好，很多大船都在那里停靠。一个城市基础设施的建设还可以带动服务业的发展，这个例子就很多了，比如大学园区建设带动服务业发展。如杭州工商大学，非常大，有 2000 亩地，2 万学生。学校门口有一条街，遍布各种服务业，主要是因为杭州大学城先建了起来。那么多学生，消费很厉害，各种各样的小饭馆、小商店、文具店等等都来了。第三是提高生产率。公共产品供给增加，提高了私人投资效率。民营企业还有外资企业需要基础设施好的地方发展。而好的地方呢，很多是无形的。上海虹桥枢纽，高铁到北京来就 6 个小时，许多跨国公司就设在那个地方。要是设在很偏僻的地方，企业现在的投资生产率就不会跟在大中城市一样好。这就是现在大学生都喜欢在大城市里面就业的原因，大城市有便利的条件，尽管有空气污染、交通拥堵的问题，但是它提供了集约性的效益，这都是基础设施投资带来的，如发达的地铁、交通网络、信息网络、教育网络等等。第四是降低库存，这个比较好理解，商贸流通有了基础设施后，就可以快速调度，同时由于信息业的发展，利用"互联网 +"，可以更好地配送，把互联网作为工具，解决物流的合理储存运输问题。第五是增加收益，前文已经写到，周期长的项目，它开始是亏本的，但长期来说会有一个收益来平衡，并且有的是内化于经济活动，通过税收等其他活动来体现。

再举一个案例，城市基础设施和经济发展的关系。城市基础设施是城市聚集效应的物质基础。城市是人类文明的基本体现，城市化的基本动因就是产业结构的变化，从第一产业农业，更多转为第二产业、第三产业。第一产业和第二产业的区别在哪里呢？第一产业农业，可以是分散居住，农田很广阔，农民依靠自然条件进行生产。但第二产业，工厂运行要三班倒，有夜班白班，工人下班以后不能跑太远，必须居住在附近再开始下一个班。所以，工业的发展使得大家要集中居住、集中生活，这就推动了城市的发展。笔者曾经去过曼彻斯特，除了看球以外，还有很重要的一个原因，曼彻斯特是产业革命最早期的代表。有了蒸汽机以后，大量的纺织机械集中在那里，因为蒸汽机可以提高生产效率。纺织厂需要很多纺织女工怎么办？周边农村里的农民可以进入城市，居住在那个地方。棉花哪里来？美国黑奴在美国本土生产的棉花通过大西洋运来，通过利物浦港口运到曼彻斯特，纺织成布。布开始在英国销售，多出来的就销售到世界各国，包括中国的市场。中国市场当初不开放，最后就用炮舰给你轰开。当然现在曼彻斯特已经转型了，但它有一个纺织工业博物馆。所以这个城市就是工业化带动了城市化的典型。城市化又推动了服务业的发展，这些人居住在这里，产生了对饮食、交通、旅馆、教育、信息的需求，生产服务和生活服务都随着庞大的人口在这里集聚。城市有两个主要的效应。第一个效应是规模经济，有了成规模的人口，公司才能营业，才能找到消费者。比如我办一个留学服务中心，如果开在小县城里面，没有几个人能去国外留学，而在上海、北京，留学服务的需求就很多，这家公司才能维持下去。再举个例子，比如你留学回来，很喜欢做儿童的早期教育，在北京、上海这种城市就有非常多需求，但是你跑到小县城，没有几个人有这种消费能力，你的公司就办不成。第二个效应就是聚集效应。工厂聚集在一起，信息很密集，物流成本很低，附近的公司就是你上下游产业链中的公司，规模效应和集聚效应的产生和维持需要城市的基础设施建设，需要有形的道路、交通、房屋，无形的信息系统、交流平台等等。

为什么大城市现在有种种问题，还是能吸引大家？就是因为规模效应和集聚效应节约了成本。一家全国性公司，可能开在省会城市都不行，一定要开到北京、上海等大城市。福建的兴业银行，最后总部就要开到上海，因为上海信息多。大城市还有房价问题，大量人口涌入，当然对房子的需求就高，高了以后大家还要炒一把，一线城市房价发展到现在，大家看到的估计就是这个情况。中国城市化到底怎么发展？中国其实也走了弯路。有一段时间提倡发展小城镇，如苏南乡镇企业发展，叫作离土不离乡，农民就不去种田了，但是没有离开这个镇，镇里面办个小工厂，把农民招进去在小工厂里面做事，居民不要进城，不要到大城市去。这在当时被视为有中国特色的城镇化道路。这跟西方国家不一样，西方国家的人口都往大城市涌，带来贫民窟等很多问题。当时鼓励发展小城镇是国家政策。到20世纪90年代，这个政策很难维持下去，后来国家重新提出要发展大中城市。为什么？就是因为小城镇没有规模效益和聚集经济。大城市里面，几百家厂，只要一个污水处理厂就可以处理全部污水，一吨污水几毛钱，污染问题就解决了。一个乡镇里，一共就五家厂，没有多少污水，那能办污水处理厂吗？处理一吨纯水两块钱，那我才不干呢，太贵了，就偷偷排放，结果就造成了污染问题。因为没达到规模效应，没有那么多用户，污水处理厂就办不成。这只是一个简单的例子。其他的更多了，销路、人才等小城镇都解决不了。所以发展小城市的方针后来就废弃了。当然，中国很大，不能完全向大城市发展，所以现在提出走大中小城市互相协调、共同发展的城镇化道路。有些地方发展大中城市，有些地方发展小城市，这样来解决中国的城镇化问题。这个里面很重要的就是基础设施建设。

城市有巨大的外部正效应来解决它的外部负效应。城市的负效应很多，比如污染、交通拥堵，还有生活在钢筋水泥当中等等，大家都向往田园生活。但是真到乡下住一个礼拜，大家就待不住了，网络不通，书看不到，话剧也看不到，又要跑到城市里面来。城市规模经济和聚集效应所产生的外部正效应能够抵销外部负效应。

四、企业对"一带一路"项目建设风险的管控

前文讲的"一带一路"的理论模式和盈利逻辑能够被理解，但是实际操作中仍然存在许多风险，要克服许多困难。这方面，一是需要政府和社会进行配套建设；二是企业需要建立一个防范和控制机制。具体怎么做？可以用图6-1进行说明。

对企业来说，图6-1可以解释为"一个核心五个环"。中国企业不必急，知道"一带一路"这个平台搭得很好，但是还是要因地、因时制宜。要不要上这个项目，需要观察一段时间。第一，最重要的是这个核心，要看经

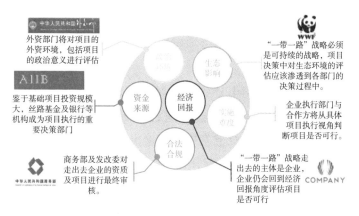

外资部门将对项目的外资环境,包括项目的政治意义进行评估

AIIB

鉴于基础项目投资规模大,丝路基金及银行等机构成为项目执行的重要决策部门

商务部及发改委对走出去企业的资质及项目进行最终审核。

"一带一路"战略必须是可持续的战略,项目决策中对生态环境的评估应该渗透到各部门的决策过程中。

企业执行部门与合作方将从具体项目执行视角判断项目是否可行。

"一带一路"战略走出去的主体是企业,企业仍会回到经济回报角度评估项目是否可行

图6-1 企业应对项目风险的"一环五圈"

资料来源:笔者根据相关材料整理得来。

济回报。企业是要盈利的,除了一些国企需要承担一些国家任务,大量的民营企业在市场经济中是要盈利的。通过"一带一路"走出去,如果没有盈利的可能,这件事就不能做,或者以后再做。第二,在可盈利的情况下,再考虑这个国家的政治环境稳定性。第三,资金的来源。现在主要有银行、开发银行、私募基金、民间资金等渠道。第四,是否合法合规。第五,评估对生态的影响。现在有一些合作项目,比如水电站的建设,引起了当地民众的抗议,带来了很多纠纷和问题。环境保护已经成为影响项目实施的重要因素。第六,是看公司的状况怎么样。公司的人才配备情况、整体的执行力等。所以,一个核心就是看"经济回报",然后把外围的五个方面作为可行性研究的变量来考虑。下面介绍的"一带一路"项目建设风险管控的成功案例就是首先在这些方面做到位的。

五、巴基斯坦卡西姆电站项目风险控制案例

近年来，中国电建集团紧跟国家政策的导向，围绕"一带一路"和"互联互通"进行市场布局，以投资为先导，带动海外 EPC 业务发展，探索出了一套集风险管控、投融资、设计施工、运营管理等一体化开发的模式，实现产业链一体化"集群式"走出去，从而有效带动了集团投融资结构优化和产业升级。其中，巴基斯坦卡西姆港燃煤应急电站项目（以下简称"卡西姆项目"）作为"中巴经济走廊"中首个大型能源落地项目，正是中国电建集团践行国家政策、利用集团全产业链优势、实现项目参与方合作共赢的旗帜工程。

1. 中巴经济走廊项目投资风险

2013 年 11 月，中国电建集团海外投资公司开始接触这个项目，该项目总投资额 20 亿美元，投资回报等各项经济指标良好，加之是"中巴经济走廊"的项目，公司采取了非常积极的态度进行推进。然而，经过进一步的评估和综合分析，发现了该项目存在以下投资风险。

（1）政治风险。巴基斯坦与中国是"全天候战略合作伙伴关系"，从这个角度讲，两国政府对中巴经济走廊项目所给予的政策支持毋庸置疑。然而，作为海外投资项目，还必须客观公正地全方位分析东道国的风险，并逐一加以应对。根据中国出口信用保险公司发布的《国家风险分析报告》显示，巴基斯坦国家评级为 7 级，区域风险中

等偏高，市场环境总体欠佳。

（2）电费拖欠风险。巴基斯坦政府长年深受"三角债"问题困扰，巴政府不得不长期拖欠发电企业电费，致使发电企业损失惨重，继而大幅缩减发电能力，部分甚至处于停产边缘，因此又加剧了巴国缺电的恶性循环。

（3）融资风险。该电站项目采用30%资本金投入，70%项目融资的方式，十几年的融资期限必然受到国际资本市场的影响，如利率变化、汇率波动等，一旦发生不利于海外投资企业的变化，则会导致投资成本急剧增加，进而无法实现预期的投资回报。此外，巴基斯坦实行严格的外汇管制，国家电力公司无法支付美元，且巴基斯坦卢比与美元汇率变动巨大，这些都给该项目带来了潜在的融资风险。

（4）税收和法律风险。中资企业开展海外经营，必然面临中国、项目所在国乃至中间控股公司所在国的多重税收义务。由于巴基斯坦与我国的法律体制和税收政策存在差异，也会给海外投资企业带来风险。

（5）技术施工风险。卡西姆项目建设周期短，技术难度高，加之是"一带一路"的政治性项目，必须克服工期短的困难，按期保质保量的完工。

（6）安全风险。卡西姆项目所在地卡拉奇地区，恐怖势力、极端宗教势力及非法武装组织长期活跃，地区安全形势不容乐观。

2. 风险应对措施

根据前述风险分析，中国电建集团海外投资公司采取了以下应对措施。

（1）规避政治风险的措施。积极与中国出口信用保险公司沟通，争取利用国家政策性金融机构规避项目的主要风险。海外投资保险业务是中国信保为鼓励投资者进行海外投资，对投资者因投资所在国发生的汇兑限制、征收、战争及政治暴乱以及违约风险造成的经济损失进行赔偿的政策性保险业务。

公司通过向中国信保投保海外投资保险以加强卡西姆项目政治风险的防范和规避。由巴政府对项目的购电协议（PPA）提供主权担保，中国信保对汇兑限制、征收、战争暴乱、违约进行承保风险，保险范围涵盖了项目大部分政治风险源及风险事件，从而有效保障了项目的建设和运营。

（2）规避电费拖欠风险的措施。第一，中巴两国政府签署的关于中巴经济走廊能源类项目协议中规定：巴方同意为中巴经济走廊项目开立电费支付准备金账户，并按期将每月不少于电费22%的资金转入该账户，以保证本协议所列项目自发电之日起产生的电费能够足额支付。根据此条款，保证卡西姆项目拥有日常基本运维款，从而保障项目的正常运营。第二，经过多轮磋商，中国信保同意在卡西姆项目海外投资保险中明确若发生电费延付，则视为政府违约，相应赔付比例为95%，从而为项目的顺利实施提供了坚强的保障。

（3）规避融资风险的措施。针对融资风险，公司综合运用了规避、分散、转移等风险管理手段，从国家政策和合同约定入手，双管齐下进行汇率及汇兑风险管理。

第一，中巴两国政府签署的关于中巴经济走廊能源类项目协议中规定：如果巴基斯坦国内具有资质的商业银行无法向公司提供项目交易所需的所有外汇，则每年通过巴基斯坦国家银行提供。同时，巴方承诺启动建立为电厂收入提供快速汇兑的机制。据此，从国家政策层面建立健全项目的汇兑机制。

第二，坚持美元为结算币种，当地货币为支付币种，采取支付日实时汇率进行兑换，控制当地货币贬值的风险；同时运用美元贷款，保证收入与投入均为美元，规避币种不同导致的风险。

第三，坚持建设期融资以美元在第三国留存，建设期资本金以美元在巴基斯坦留存，规避兑换损失。

第四，与融资行、监管行等中资银行形成战略合作，确保运营期收到的当地货币及时兑换，按时支付，减少当地货币的存量。

第五，对运营期必须在巴基斯坦留存的当地货币，与多家银行探讨循环远期购汇业务，保证充足的购汇额度和有效的价格锁定机制；同时对运营期应收账款，予以卖断，及时回收资金归还贷款。

第六，此项目做到了真正意义的项目融资，即中国电建集团只提供完工担保，进入运营期后的一切风险由项目公司自行承担，银行对中国电建集团无追索权，当然，项目公司自身的资产和未来的收益都要抵押给银行。

通过以上方式，基本上能够控制项目的融资风险。同时，通过建立对巴基斯坦货币政策和汇率变动的风险监控机制，保证了风险管理措施持续有效。

（4）规避税收法律风险的措施。面对巴基斯坦较为复杂的税收法律和税收征管实践，公司采取以下的方式开展卡西姆项目的税收管理。

第一，在项目签署购电协议、实施协议、工程承包合同等主要协议之前，聘请国际知名的事务所进行税务咨询和筹划，积极开展相关税负政策尽职调查，确保在投资经济评价中完全涵盖相关税收成本，保证项目实际投资回报率与预期相符。

第二，研究税收政策和征管实践，在合法的前提下设置满足集团最佳利益的投资和工程承包架构。通过聘用专业法务和财务咨询，卡西姆项目最终采用了三级子公司的股权投资架构，从而达到合法合规避税。

第三，根据中国—巴基斯坦税收协定，中国人民银行、中国进出口银行、中国银行、中国农业发展银行和国家开发银行提供贷款的利息在巴基斯坦可免税。目前其他金融机构提供的贷款均不能免税，需缴纳 10% 预扣税。如通过其他方式融资，相关金融机构必然会将税收成本转移给企业。通过综合慎重考虑，卡西姆项目最终选择中国进出口银行作为融资银行，并采用了有限追索的项目融资方式进行融资。

（5）规避技术施工风险的措施。出于对中巴经济走廊项目的高度重视，中国电建集团董事长晏志勇亲自挂帅担任项目领导小组组长。面对技术施工风险，中国电建集团选取了集团内 EPC 综合能力最强的山东电建三公司进行施工，由于是"一带一路"的项目，该公司对卡西姆项目给予了高度的重视，组建了技术施工能力最强的队伍进行施工，确保按时按质完工。此外，公司注重加强内部管理，构建风险预警系统，建立相配套的事中监督和控制程序，保证预先计划和方案的正确实施，一旦巴基斯坦的政治经济环境和项目公司自身发生变化时，马上采用应急预案，及时实施补救措施，避免投资风险进一步恶化。

（6）规避安全风险的措施。第一，中巴两国政府签署的关于中巴经济走廊能源类项目协议中规定：巴政府承诺"采取必要措施，保护项目的安全运营和中方人员安全"。通过该国家层面协议约定，中国电建与巴相关部门积极对接，制订并细化项目安保方案，确保巴方安保力量及时到位。

第二，聘请专业安保公司编制安保方案及应急预案，并通过权威咨询机构的评估和审核，严格实施项目安保方案。

第三，项目封闭管理，通过巴政府配备的军队力量和项目自聘的安保力量进行双重保护。

第四，在成本中加大对安保费用的投入。

（7）争取两国政府的政策支持。鉴于中巴两国政府的友好关系，中国电建集团向巴基斯坦政府相关部门、中国国家发改委、国资委、能源局等政府相关部门发函逾百次，提出的投资风险分析最终得到了中巴两国政府的高层重视，相关建议得到两国政府的采纳。经过几轮的政府间磋商，2014 年 11 月 8 日，中巴两国成功签署了政府间合作协定。巴方承诺为"中巴经济走廊"项目的安保、汇兑等方面提供有力支持，并同意开立电费准备金账户，确保每月电费 22% 的足额及时支付。与此同时，中国信保在中国政府的支持下，承诺对巴方延迟支付进行承保。据此，卡西姆项目主要风险点在两国政府的支持下得到了分担和缓释。

为加快卡西姆项目投保进程，中国电建集团自 2013 年 11 月跟进项目之初即与中国信保保持紧密联系，确保项目进展和诉求等均在第一时间得以有效沟通。在双方共同努力下，2015 年 9 月，卡西姆项目获得中国信保签发的海外投资保险保单，成为中国信保在"中巴经济走廊"能源领域承保的首个大型燃煤电站投资项目。海外投资保险的成功投保是卡西姆项目开发进程中的重要里程碑，标志着项目进一步建立和完善了风险识别、防范和补偿机制，为项目建设和商业运营提供了有力保障。

卡西姆项目是目前中国电建集团及"中巴经济走廊"项下的海外投资项目中承保范围最广、政策最优的项目，其中违约风险涵盖项目主协议中有关政府违约、法律变更、延迟支付、外汇兑换、电费支付等多个条款，基本涵盖项目主要风险点。同时，项目还争取到了股权及债权项下的简易先行赔付机制，为银行的还款及股东的收益提供了更加及时、有力的保障。

此外，卡西姆项目在双方政府的高度重视下，在政府审批流程、审批效率、保费费率、国家补贴等领域也获得了很大程度的优惠。

综上所述，卡西姆项目作为"一带一路"战略及"中巴经济走廊"建设的首批落地项目，通过以电源投资带动集团产能输出的方式，对进一步带动中国的设备、技术和标准"走出去"，提升中国电建集团核心优势，扩大集团品牌影响力等方面都具有重要作用。同时，也将积极推动构建中巴经济平台、促进巴基斯坦改善民生，维护中巴传统友谊，成为"中巴经济走廊"建设中里程碑式的典范。

本讲参考文献

1. 李平，王春晖，于国才：《基础设施与经济发展的文献综述》，《世界经济》2011 年第 5 期。

2. 张娟，雷辉，王云飞等：《"一带一路"沿线国家的交通基础设施投资效率的比较》，《统计与决策》，2016 年第 19 期。

3. Duranton, Gilles. "Urban growth and transportation." *Review of Economic Studies* 79.4（2008）：1407 – 1440.

4. Mcraey, Shaun. "Infrastructure Quality and the Subsidy Trap[+]." *American Economic Review* 105.1（2015）：35 – 66.

5. 陈甬军等：《中国城市化道路新论》，商务印书馆 2009 版。

6. 李铮：《卡西姆电站项目风险控制纪实》，《国际工程与劳务》，2016 年第 7 期。

第七讲 "一带一路"建设标志性项目案例分析

前文的五讲主要是理论部分。"一带一路"对中国和世界发展的意义都非常重大，对政治、经济、文化、国家安全等方面也有重大的意义。理论的构想很不错，但是做起来困难有很多。现在"一带一路"还是一个构想，一个战略规划。能不能行得通，需要实践检验。而过去的三年也是在探索实践当中。这一讲开始介绍这几年的投资概况和其中所做的一些标志性工程。这样既可以更好地理解前面讲的理论模型，同时也可以展望"十三五""十四五"期间的十年，从动态发展的角度来看待"一带一路"的实践。

一、总体投资概况

"一带一路"战略正式实施以来，中国企业积极参与"一带一路"沿线项目建设与投资。根据中华人民共和国商务部"走出去"共同服务平台统计数据（以下同），2015 年，中国企业共对"一带一路"相关的 49 个国家进行了直接投资，投资额合计 148.2 亿美元，同比增长 18.2%，投资主要流向新加坡、哈萨克斯坦、老挝、印度尼西亚、俄罗斯和泰国等。对外承包工程方面，2015 年我国企业在"一带一路"相关的 60 个国家新签的对外承包工程项目合同 3987 份，新签合同额 926.4 亿美元，占同期我国对外承包工程新签合同额的 44.1%，同比增长 7.4%；完成营业额 692.6 亿美元，占同期总额的 45%，同比增长 7.6%。

2016 年 1~11 月，中国企业对"一带一路"相关的 53 个国家非金融类直接投资 133.5 亿美元，对外承包工程方面，1~11 月，我国企业在"一带一路"相关的 61 个国家新签的对外承包工程项目合同 7367 份，新签合同额 1003.6 亿美元，同比增长 40.1%，占同期我国对外承包工程新签合同额的 52.1%；完成营业额 616.3 亿美元，同比增长 7.5%，占同期总额的 46.6%。估计 2016 年，中国企业"一带一路"沿线直接投资金额预计突破 150 亿美元，新签订合同总金额预计超过 1100 亿美元，再创新高。

中国企业在"一带一路"投资呈现以下几个特点：

1. 投资集中在东南亚区域

从已掌握的我国企业"一带一路"投资动态来看，目前近 60% 投资主要流向新加坡、印度尼西亚、柬埔寨等东南亚国家，地域分布上呈现出较为集中的特点。以 2015 年全年统计数据为例，"一带一路"沿线国家境外投资企业数量前 20 名中国家的企业数量就占沿线国家境外投资企业数量的 87%。其中，我国在新加坡投资企业数量超过

180 个，在印度尼西亚投资企业数量达 138 个，在柬埔寨达 127 个，位列对外投资企业数量前 3。

2. 投资集中在特有资源开拓、中高端制造业及基础工程建设三大领域

从我国企业"一带一路"沿线国家投资的项目总体出发，分析认为我国企业在"一带一路"沿线的投资主要集中在农林牧渔业、采矿业、制造业、电力、热力、燃气及水电生产和供应业以及建筑业等五大细分行业。

从投资板块划分来看，集中在以下三大领域：

（1）特有资源开拓及市场化成为"一带一路"沿线主要投资领域。具体表现为：①当地特有农副产品、经济作物等天然产品的深加工及市场化，如柬埔寨橡胶种植园区的投资，高端稻谷种植园区投资等；②矿产资源开采及勘探，包括油气田、有色金属矿等资源的发掘与深度利用。

（2）我国制造业，特别是中高端制造业在"一带一路"沿线广泛布局。目前，对外投资的制造业主要以装备及机械制造业为主，主要面对生产型企业，投资对象包括精密冲压件、电子元器件、太阳能电池等生产企业。

（3）电力及工程建设成为前期投资重点。受利于 PPT 模式及国家财政提供的金融、资本保障，我国企业在"一带一路"沿线投资多个周期长、规模数十亿美元以上的电力及基础工程项目，如卡洛特水电站建设与运营，巴基斯坦卡西姆港 2×660 兆瓦燃煤电站 BOO 项目的投资、建设和运营，还包括风力发电、太阳能发电等多个新能源领域项目。

基于这三大主要板块的投资，高铁、核电、军工、交运港口、通信设备成为投资热点。

3. 东南沿海城市企业发挥区位优势，积极参与"一带一路"

目前"一带一路"沿线国家投资与建设项目的实施主体主要集中在江苏、山东、云南、浙江、上海等省、直辖市。这些地区多为"一带一路"沿线省份，省内政策引导得当，企业抓住机遇，成为第一批"吃螃蟹"的企业。在这些省份中，青岛、深圳、宁波、大连等地区的企业表现尤为突出。

4. 国有企业、大型央企为"一带一路"参与的重要力量

从投资主体的属性来看，目前国有企业与央企是参与"一带一路"的重要力量。"一带一路"战略开局阶段，对外投资、承建项目主要为基建项目，有周期长、风险大，特别是境外项目会面临更为复杂的环境，但央企因其特殊身份及良好信誉，能够获得国家力量从而为企业"走出去"降低风险，为信用、金融、资本等提供保障。相比其他在境外投资的地方及民营企业，央企更早地在"一带一路"沿线国家进行了战略布局，提前进行了人才储备，对于异国文化与市场更为熟悉与了解。因此，早期基建、能源型大项目主要由央企进行投资建设。此外，央企对外投资主体较多，各个省市及地方利用自身的区位优势及竞争优势，积极发挥自主权，在"一带一路"沿线国家进行投

资。如中国电建集团通过海外投资有限公司、华东勘测设计研究院有限公司、昆明勘测设计研究院有限公司及中南勘测设计研究院有限公司等多个主体进行灵活布局。

二、标志性建设项目

1. 巴基斯坦瓜达尔港项目

（1）项目简介。随着"一带一路"经济战略的提出，瓜达尔港凭借其独特的地理位置成为中巴经济走廊的"海洋起点"。同时也是迄今为止中国"一带一路"建设工程中规模最大的项目。

瓜达尔港有着极佳的战略地理位置。它位于巴基斯坦西南部，距伊朗边境仅 115 公里，而边境对面就是油田；它堪称通往波斯湾的大门，距"世界油管"霍尔木兹海峡仅约 400 公里（霍尔木兹海峡是亚洲乃至全世界大多数油轮必经的海上通道）；它还是连接中国西部、中亚与印度洋的潜在通道。通过这一港口，中国船只与商品能够更快到达中东及波斯湾地区。而且瓜达尔港进港水深超过 15 米，基本可以保证 8 万～10 万吨油轮的停靠，优于印度洋上不少已有的深水港，可以为中国的能源运输提供新的可能。

对于中巴来说，瓜达尔港具有重要的战略意义。但是中国在瓜达尔港的开发曾经一度被搁置。瓜达尔港一期是中国对巴基斯坦的一个援建项目。自 1958 年巴基斯坦以数百万美元之资，从阿曼手中买下瓜达尔后，一直未能展开有效开发。直到 2002 年 3 月，在中国的援建下，瓜达尔港一期才破土动工，项目总承包商为中国港湾工程有限责任公司。但在 2007 年项目完工后，中国并未拿到瓜达尔港的运营权。2006 年，中国公司有意竞标瓜达尔港运营权，但最终却被新加坡国际港务集团（PSA）以高价"截去"。但是 2007 年新加坡国际港务集团拿下 40 年运营权后，并未如巴方所想对瓜达尔港湾进行开发。直到 2012 年，新加坡国际港务集团和巴基斯坦决定放弃合同。2013 年 2 月，巴基斯坦时任总统扎尔达里正式宣布将瓜达尔港的经营权转交给中国的中海港控公司。

（2）意义及前景。正在快速发展的中国面临着"太平洋岛链"的封锁以及"马六甲困境"等一系列威胁国家安全以及长期发展的问题，尤其是在军事和能源问题方面。中国每年大约60%的石油依赖进口，而这些石油又有80%来自于中东和非洲，运输都需要经过马六甲海峡。马六甲海峡是海上运输的咽喉要道，目前由印度尼西亚、马来西亚和新加坡三国共同管理，而且新加坡为美国提供了一个海上军事基地，可以停靠航母。现在中国新疆喀什－瓜达尔－中东这条路线即将开通，就可以绕开印度南端海域、马六甲海峡、南海航路，一方面可以节省运费，开辟一条新的能源输送线路，另一方面在关键时刻也能打破某些国家对中国可能实施的能源封锁。

此外，中巴铁路连接喀什和瓜达尔港之后，为整个中国西部的经济发展提供了强大的动力。目前，新疆喀什东城金融贸易区正在加快设施建设。中国建设瓜达尔港后，将为喀什更好地融入瓜达尔经济圈具有推动作用。

虽然瓜达尔港发展前景广阔，但是仍然面临着各种问题：首先，喀什连接瓜达尔港这条线路商业价值需要提高。现在路程上需要花费大约十天的时间，时间成本很高。同时回程基本没有什么可以运输的商品，如果仅仅是单程运输的话，成本会很高。而且沿线十分危险，有塔利班，ISIS 活动也十分活跃，运输时需要安排大量的保安或军队，这也会大幅度地增加运输成本。其次，瓜达尔市基础设施比较落后，缺水缺电以及陆地交通基础设施的不足也制约瓜达尔港的进一步发展。最后，也是最大的问题，便是政治安全问题。现在巴基斯坦内部仍然残留着被推翻的恐怖主义政权塔利班，北面挨着持续动荡的阿富汗，恐怖活动频繁，一旦经济走廊建成，它通过我国的新疆地区，盘踞巴基斯坦的伊斯兰极端势力和恐怖组织，也会借此渠道，加强对新疆的渗透。因此，在项目建设中需要有效的反恐行动。必须要把维稳安全放在第一位。

总的来说，瓜达尔港具有重要的战略意义，发展前景也被普遍看好，但是，进一步建设和使用好中巴经济走廊和瓜达尔港，仍然面临一些重大的挑战。

2. 中老铁路项目

（1）项目简介。中老铁路是中国、老挝国家领导人亲自决策、推动的重大战略合作项目，是联通中老两国的重要基础设施，也是泛亚铁路的重要组成部分。

中老铁路（见图 7-1）由中国境内的昆明至磨憨段和老挝的磨丁至万象段铁路构成。老挝段北起中国老挝边境磨憨/磨丁，南至老挝首都万象市，途经孟塞、琅勃拉邦、万荣等主要城市，全长约 418 公里，其中桥梁隧道总长占线路总长的 60% 左右，设计时速 160 公里，全线共 31 站，是国铁Ⅰ级客货共线的单线电气化铁路。总投资大约 374 亿元人民币，由中老双方按 70% 和 30% 的股比合资建设。这条铁路是第一个以中方为主投资建设、共同运营并与中国铁路网直接连通的境外铁路项目，全线采用中国技术标准、使用中国设备。中方所投的 70% 部分的资本金由磨万铁路公司、中投公司和云投公司共同出资。而磨万铁路公司由铁总国际、中国中铁、中国水电和中车集团四家出资新组建。

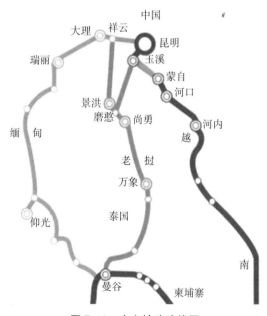

图 7-1 中老铁路路线图

资料来源：广西大学，中国—东盟研究院图。

2016 年 10 月 24 日，中老铁路中标签约仪式在老挝首都万象举行，老中铁路有限公司与中国中铁、中国电建所属中标单位签署了第二阶段土建工程施工合同，与天津新亚太工程建设监理有限公司等 3 家单位签署了施工监理合同，与中铁西南科学研究院等 3 家单位签署了第三方检测合同。从琅南塔省口岸磨丁到万象共划分为六个标段，中标的中国企业有近十家。2016 年 12 月 25 日，在老挝琅勃拉邦举办了中老铁路的全面开工仪式，原老挝副总理，也是促成中老铁路的老挝领导人出席了开工仪式。

（2）意义及前景。老挝全国面积约 23.7 万平方公里。位于中南半岛北部，系内陆国家，东界越南，南接柬埔寨，西南毗连泰国，西北与缅甸接壤，北邻中国。境内 80% 为山地和高原，且多被森林覆盖。矿产资源丰富，但是由于多山缺路，基础设施落后，国内仅有首都万象至老泰边境约 3.5 公里铁路，交通不便严重制约了老挝经济的发展。为了突破这种困境，老挝政府提出了建立"陆联国"的战略规划。而中老铁路项目建成后能够有效地帮助老挝从"陆锁国"向"陆联国"转型，加速经济发展，顺利完成 2020 年摆脱贫困国家的目标。中老铁路建成后，泛亚铁路中线将初具雏形。事实上，中国的《中长期铁路网规划》中，除了与老挝，同时还设计了与越南、缅甸的铁路线路，东线经河口穿过越南，中线经磨憨穿过老挝，西线经瑞丽穿过缅甸，最终均到达新加坡。这一项目的实施，对于发挥铁路在推进"一带一路"建设中的服务保障作用，深化中国铁路与东南亚国家铁路合作，加快泛亚铁路网建设，实现"一带一路"沿线国家交通基础设施互联互通，加强中国与东盟国家间的贸易、投资、服务、金融等多方面合作，对促进沿线各国的经贸互通和经济融合也具有重要推动作用。

虽然这次是完全采用中国标准，不会由于轨道间距不同而面临的换轨技术问题，但是由于老挝特殊的地形、环境及历史等原因，项目在实施的时候仍然面临着较大的困难。一方面，老挝地质情况复杂，施工配套设施落后，生产生活物资匮乏，物流运输条件差，卫生状况差，疟疾和登革热肆虐，给施工方带来了巨大的挑战；另一方面，中老铁路沿线分布着众多军事区，还残留着大量越战时期遗留下来弹药，存在着致命的危险。而且据路透社报道，中老铁路曾经一度因为环境问题被搁置。

因此，铁路项目虽然顺利开工，但是后续依然面临许多问题亟待解决，这需要中老双方积极合作，科学组织，统筹规划，高标准、高质量地推进工程建设。将中老铁路打造成中国铁路"走出去"的示范工程，为国家"一带一路"和中国铁路"走出去"做出新的贡献。

3. 中欧班列项目

（1）项目简介。中欧班列是指中国开往欧洲的快速货物班列，适合装运集装箱的货运编组列车。目前已经铺划了西、中、东3条通道中欧班列运行线：西部通道由我国中西部经阿拉山口（霍尔果斯）出境，中部通道由我国华北地区经二连浩特出境，东部通道由我国东南部沿海地区经满洲里（绥芬河）出境。

2011年3月19日首列中欧班列开行，由重庆发往德国杜伊斯堡。截至 2015 年底，中欧班列共有 24 条线路。目前，全国已有武汉、重庆、郑州、成都、苏州、义乌、西安、苏州、昆明、合肥、哈尔滨等 17 个城市开通了中欧班列，这些中欧班列的集货区域已经覆盖全国主要经济区域。中欧班列的境外目的地包括德国杜伊斯堡、汉堡、施瓦茨海德，俄罗斯莫斯科，波兰华沙，捷克帕尔杜比采，西班牙马德里，荷兰鹿特丹，英国伦敦，白俄罗斯布列斯特等 8 个国家的 17 个城市，途经国家 13 个。

中欧班列建立伊始，并没有统一的品牌，而是各条线路有各自的名称和运营方式。随着"一带一路"战略的实施，中欧班列作为国际货物联运的新型组织方式，开始成为沿线各国加强基础设施互联互通、提升务实合作水平的重要载体，并在 2016 年被统一称之为中欧班列。

截至 2016 年底为止，中国已经有 23 条中欧班列直达线，20 条在规划中。在已经运行的中欧班列中，西线最为发达，共有 13 座城市开通 14 列中欧班列；东线次之，6 座城市开通 7 条中欧班列；中线仅有 2 座城市开通 2 条中欧班列。虽然西线开拓顺风顺水，但盈利能力不及东线。东线的"营满欧"班列是唯一在完全市场化运作、无政府财政补贴的情况下实现盈利的中欧班列。2016 年下半年，中欧班列国际邮件运输取得重大突破。2016 年发布的《中欧班列建设发展规划（2016～2020 年）》（简称《规划》）明确表示，拓展国际邮件运输，参照货物监管方式，结合国际邮件特性，推行国际邮件"属地查验、口岸验放"模式。大力推进电子化通关，加强与国外邮政、海关、检验检疫、铁路部门合作，推进邮递物品海关监管互认。为此,《规划》对京沪、哈大等铁路干线中欧班列邮件运输路线进行 6 条线路的具体规划（见表 7 - 1）。

表 7 - 1　　　　　　　　　中欧班列发展规划

始发站	集散范围	国境站	到站
郑州	华中、华东地区	阿拉山口/二连浩特	莫斯科/杜伊斯堡/汉堡
重庆	华南、西南地区	阿拉山口	莫斯科/杜伊斯堡/汉堡
乌鲁木齐	西北地区	阿拉山口	阿拉木图/莫斯科
苏州	华东地区	满洲里	莫斯科/杜伊斯堡/汉堡
哈尔滨	华北地区	满洲里	莫斯科

资料来源：《中欧班列建设发展规划（2016～2020 年)》。

（2）意义及前景。亚欧之间的货物流转渠道主要包括海运通道、空运通道和陆运通道，中欧班列凭借运距短、速度快、安全性高等特征，绿色环保、受自然环境影响小的优势，已经成为国际物流中陆路运输骨干。中欧班列是伴随着中欧之间经贸合作不断加强而产生的国际货物联运的新型运输方式，将伴随着"一带一路"建设而发展壮大。当前，中欧班列已成为沿线各国加强基础设施互联互通，提升经贸合作水平的重要载体。

但是现在中欧班列仍然处于发展初期，依旧面临着综合运输成本偏高、无序竞争时有发生、供需对接不充分、通关便利化有待提升和沿线交通基础设施、配套服务支撑能力不足等问题，迫切需要加以规范和完善。对此，在第四届中国多式联运合作与发展大会上，中国交通运输协会联运分会副理事长兼秘书长李牧原提出四点需要解决的主要问题：

①单证不统一、索赔诉讼不便。在中欧中亚货运班列开行区域内主要适用两种国际联运规章：一种是《国际铁路货物联运协定》（简称《国际货协》）；另一种是《国际铁路货物运送公约》（简称《国际货约》）。两个规则体系采用的国际铁路联运运单不同，造成了运单权属复杂、索赔不便等问题。

②联运经营人责任界定不清。在国际铁路货物联运中，一直未有准确的交货条款贸易术语。尽管《2000年国际贸易术语解释通则》在国际贸易界通用，但国际铁路货物联运方式具有其自身的特性，在实际业务中长期套用海运交货条款和贸易术语，频繁导致外贸关系人理解上的歧义。另外，《国际货协》和《国际货约》在铁路承运人承担赔偿责任、铁路承运人承担延迟交货责任等方面均存在差异。由于法律责任界定不清，也导致服务规范不清晰，服务标准难统一。

③补贴退出机制不完善。中欧货运班列的开通和运行，大多是由当地政府推动的，完全的市场行为还没有形成。补贴增加了政府财政负担，加上操作层面没有可行的退出机制，注定将不可持续。同时补贴政策扭曲了市场配置资源的"杠杆作用"：一方面，一些路局、站段受补贴政策影响，为吸引货源出台类似"公路运输费用全额补贴"的政策，出现"抢货"的恶性竞争；另一方面，货主受利益驱使会舍近求远，将货物运至较远地区搭载中欧货运班列，严重违背了市场规律，造成了资源浪费。

④回程"空驶率"高。中欧班列回程空驶率高导致班列运营成本居高不下。究其原因，一方面是受目前中欧贸

易结构影响,即对欧贸易中,进口额只相当于出口额的六成左右,进口货源少于出口货源;另一方面也在于欧洲对中欧班列这种相对较新的运输方式不太了解,尚未认可和形成使用习惯。

"一带一路"战略的"落地"是中欧班列发展最大的推动力。中欧班列既是"一带一路"战略的最大受益者,也是"一带一路"战略的积极践行者。虽然中欧班列在建设中面临诸多问题,但是这些问题随着班次增加、货源增加、统一协调等措施都在缓解并且逐渐得以解决。随着《规划》的发布,中欧班列有了首个顶层设计。抓住这个战略机遇期获得快速发展,通过规模经济提升效率、摆脱补贴,然后进入良性发展轨道,中欧班列最终将成为国际货物运输格局中不可或缺的、有竞争力的运输选择。

4. 中哈产能合作项目

(1) 项目简介。所谓产能合作是指两个存在意愿和需要的国家或地区之间进行产能供求跨国或者跨地区配置的联合行动。现在产能合作主要有两种方式:一种方式是通过产品输出,另一种方式是通过产业转移。从中国的对外产能和投资方式可以看出,产能合作既是商品输出,也是资本输出。但是主要的方式还是产业转移。近年来,随着"一带一路"战略的提出,国际产能合作逐渐成为国内外关注的重点。其中一个典型的是中国与哈萨克斯坦的产能合作。

2014 年 12 月 15 日,哈萨克斯坦总理马西莫夫和李克强总理围绕"中哈产能合作框架协议"达成了初步共识。

2015 年 3 月 27 日，两国总理共同签署涵盖广泛领域的 33 份产能合作文件，项目总金额达 236 亿美元。而截至目前赴哈投资兴业的中资企业已达 2600 多家，形成了包括 51 个大型项目、总金额超过 260 亿美元的产能合作早期收获成果清单。这些产能合作包括钢铁、水泥、平板玻璃、汽车制造等方面，涉及化工、汽车、冶金、农业等领域。其中，汽车组装、粮油加工厂、聚丙烯项目已经开工，其余多数项目将在今后几年相继开工建设，而即将开工的阿斯塔纳轻轨项目尤其引人注目。2016 年 11 月 3 日，李克强总理在哈萨克斯坦首都阿斯塔纳和其总统纳扎尔巴耶夫进行中哈总理第三次定期会晤，中哈产能合作再加速。

中哈产能合作模式是以投资建厂为切入点，探索建立涵盖投资、生产、销售、配套服务的一条龙产能合作模式。采取部门间对接的政府磋商机制，以丝路基金对接哈萨克斯坦投资和出口布局，共同建立中哈产能合作基金，为合作项目提供资金来源。

同时，面对资金不足的问题，我国新建立的亚投行也将发挥亚洲外投融资的核心作用。这种合作模式建立在中国央企"输出劳务，承包工程"经验的基础上，进一步将业务拓展到投资、生产、销售、运营、退出机制、退出后维护，乃至于最终形成一个完整的经济再循环。

（2）意义及前景。哈萨克斯坦属于中亚最大的经济体，属于中高等收入国家。哈萨克斯坦国内的矿藏、煤炭以及石油资源丰富。但是其经济发展严重依赖能源资源的开发；而轻工业、机械制造业则相对比较落后。受国际能源价格的低迷和国内工业发展的双重压力，哈萨克斯坦吸引外资愿望迫切。实行"一带一路"背景下的国家产能合作，一方面有助于哈方的经济调整和发展，改变产业结构单一的问题，另一方面能够在一定程度上缓解中国产能过剩，有利于国内产业升级。同时还带动了中国铁路、电力、通信等优势行业的相关技术和标准"走出去"，有利于提升中国在全球产业链和价值链中的地位。中哈产能合作开展两年来成果丰硕，目前已达成 52 个产能合作项目，总金额超过 240 亿美元。现在双方的合作正在如火如荼地进行，但是除了面临起步初期规模小、风险大、国际产能合作的体制和相关体系不完善、国内企业国际化经验不足、技术制度等问题，还面临着较大的政治风险。首先，国际产能合作不是一朝一夕的事情，而哈萨克斯坦政权更替成了最大的不确定因素。其次，哈萨克斯坦内部目前一共有 125 个民族，民族问题成为中国企业在哈投资一个较大的隐患。最后，哈萨克斯坦虽然重视与中国的经贸合作，但同时也是欧亚联盟的重要倡导者，中国还面临着与美俄的竞争。

5. 中国—白俄罗斯工业园项目

（1）建设中国—白俄罗斯工业园的意义。

①帮助白俄罗斯摆脱经济依赖。中白合作，以帮助白俄罗斯摆脱对俄罗斯的经济倚赖。同时，作为目前中国对外合作层次最高，占地面积最大、政策条件最优越的园区，中白工业园区可以使白俄罗斯成为连接欧亚经济联盟和欧盟两大市场的重要枢纽。白俄罗斯作为欧亚经济联盟成员国，入园企业的产品可以免关税销往俄罗斯、哈萨克

斯坦、吉尔吉斯斯坦等多国市场，涵盖人口总数超过 1.7亿，还可以广泛进入欧盟市场及其共同体成员国市场，拥有独一无二的市场规模和发展潜力。

中方鼓励中国公司向园区投资创新项目，在园区建立高新技术企业。2014 年 6 月 20 日，中国华为公司已经入驻中白工业园，成为工业园第一家也是目前唯一一家入驻的公司。这样有利于高新技术产业的转移。此外，中国国家开发银行将向白俄罗斯开发银行提供 15 年期的 7 亿美元低息信贷，并延长对白俄罗斯银行的 3 亿美元贷款期限。

②中国企业腾飞的"机场"。白俄罗斯处于欧盟和独联体之间，将成为中国进一步开拓欧洲经济的通道。作为中国在海外最大工业园，首批入园企业包括招商局中白商贸物流园公司、中联重科、新筑股份、ZTE 中兴和华为等。包括华为和中兴在内的首批 15 家入驻中国企业将投资 20 亿美元，园区将提供优惠政策。工业园区的建立有利于促进中白贸易，带动企业合作。

（2）中国—白俄罗斯工业园的优势条件分析。

①税收优惠。入园企业自注册之日起十年免收各项公司税收，十年期满后下一个十年内税收减半；根据《10 + 10》的模式，免除入园企业销售在中白工业园区内自主生产商品（工程、服务）所得利润的所得税等多项税收；入园企业无需缴纳白俄罗斯共和国制定的新税费种类。

②条件优越的基础设施。中白工业园区位于明斯克州斯莫列维奇区，距白俄罗斯共和国首都明斯克市 25 公里，位于彼得洛维奇水库和明斯克国际机场之间的斯莫列维奇

区，交通十分便利，铁路和柏林到莫斯科的公路干线途经该园区。临近明斯克国际机场、铁路、柏林至莫斯科的洲际公路，且距离波罗的海港口克莱佩达约500公里。中白工业园区靠近明斯克市以及首都卫星城斯莫列维奇，保证了工业园区的人才来源。

同时，森林、水库、富含诸多品种动物和禽类的自然保护区以及高标准地下水打造了一个完美的园区生态综合体。

③单独的管辖权及保障。确定了工业园区的边界，巩固了工业园区作为实行经济特区制度的白俄罗斯共和国独立领土单位的地位，细化了园区管理结构，具体说明了园区内的优惠和特权，规定了投资人的额外保障。

除白俄罗斯通用法律和双边协议规定的保障外，投资人享有可将白俄罗斯境内所获利润自由汇出的额外保障，且白俄罗斯国内制定新的税费时，该特惠制度不变。

④"一站式"园区行政管理服务。就入园企业所有问题，园区内建立了"一站式"的全方位综合服务体系。管委会独立有效处理园区入园企业登记、园区建设工程部署、勘察设计和建筑许可及其他园区现有管理问题。

如出现涉及国家管理部门权限的其他问题，入园企业无需与该部门直接沟通，园区管委会负责解决问题。

本讲参考文献

1. 新华社：《"一带一路"建设三年成果回眸》，2016年10月18日新华社电。

2. 中华人民共和国商务部"走出去"共同服务平台，

http：//fec. mofcom. gov. cn/。

3. 李希光，孙力舟：《中巴经济走廊的战略价值与安全形势》，《人民论坛·学术前沿》，2015 年第 12 期。

4. 《中国与老挝签署共建"一带一路"合作文件》，国家发改委网站，2016 年 9 月 9 日。

5. 《中欧班列建设发展规划（2016～2020 年)》，2016 年 10 月发布。http：//www. gov. cn/xinwen/2016 - 10/12/content_5117976. htm。

6. 周睿杰：《中亚产能合作分析——以哈萨克斯坦为例》，《大陆桥视野》，2016 年第 9 期。

第八讲 "一带一路"建设与环境保护

　　环境保护是"一带一路"建设的重要议题，它所面临的挑战主要来自于沿线国家和地区经济发展任务繁重与生态环境先天脆弱之间的矛盾。2015 年 3 月 28 日，国家发改委、外交部、商务部联合发布的《推动共建丝绸之路经济带和 21 世纪海上丝绸之路的愿景与行动》明确指出："在投资贸易中突出生态文明理念，加强生态环境、生物多样性和应对气候变化合作，共建绿色丝绸之路。"2016 年 4 月 29 日下午，在中共中央政治局就历史上的丝绸之路和海上丝绸之路进行第三十一次集体学习时，习近平主席又再次强调了建设绿色丝绸之路的重要性。

　　从中国在以往的对外投资与合作来看，忽视东道国环境保护法律或者民意带来的负面影响，不仅给当事企业带来了直接损失，而且损害了中国负责任大国的形象。因此，树立环保和可持续发展理念，大力倡导"共建绿色丝绸之路"，对于中国国家形象的提升，有效防范投资"走出去"的环境风险，从而推动"一带一路"建设的顺利进行，具有十分重要的意义。本讲结合企业投资项目谈谈"一带一路"建设中的环境保护问题。

一、"一带一路"战略下的环境保护

1. "一带一路"战略下环境保护的意义

加大环保力度，践行绿色发展理念是建设"绿色丝绸之路"的基本要求。中国之所以强调在实施"一带一路"战略时坚持绿色发展理念，是因为中国自身的实践证明了"先污染、后治理"的经济发展方式不利于发展中国家的可持续增长。2013 年 9 月，习近平总书记在哈萨克斯坦纳扎尔巴耶夫大学发表演讲提出建设丝绸之路经济带倡议，在回答到场同学提问时强调："中国明确把生态环境保护摆在更加突出的位置。我们既要绿水青山，也要金山银山。宁要绿水青山，不要金山银山，而且绿水青山就是金山银山。我们决不能以牺牲生态环境为代价换取经济的一时发展。"总书记的这段讲话更是表明了中国坚持生态文明建设，坚持走可持续发展道路的决心。

建设"绿色丝绸之路"要求在实施"一带一路"战略的过程中，必须将低碳化、可持续发展、可再生能源的开发利用纳入整体推进战略中去。作为"一带一路"倡议提出国，理应带动"一带一路"沿线国家和地区共同追求生态文明，共建"绿色丝绸之路"。同时，坚持走可持续发展道路，大力推进建设"绿色丝绸之路"，对中国产业转型升级、国家影响力的提升，有效防范中国企业海外投资的环境风险具有重要的意义。

2. "一带一路"战略下的环境风险分析

（1）产业分布集中在污染较重行业。由于中国矿产资源的人均占有量仅为世界水平的58%，在经济发展中对资源有巨大的需求，进而在海外投资时就难免会有资源导向性。根据《中国对外直接投资公报》的数据，采矿业一直是中国海外直接投资的主要产业（见图8-1）。

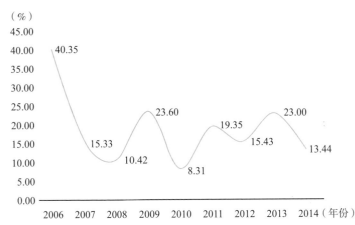

（%）

图 8-1　2006～2014年采矿业在境外投资中的占比变化

资料来源：《2014年中国对外直接投资统计公报》。

从图8-1可以看出，虽然2014年采矿业占海外投资的比重有较大幅度的下降，但整体来看采矿业的占比近年来一直维持在10%～20%。2014年采矿业对外直接投资存量为1237.25亿美元，占对外直接投资总额的14.02%，主要涉及石油天然气开采、有色金属开采业、煤炭开采和洗选业、黑色金属矿采选业。由于上述产业要么是从自然界中直接掘取能源或资源，要么需要大量使用能源或资源，因此对自然环境造成的负荷无疑会比其他海外投资活动更加显著。

（2）地理分布分散在环境脆弱地区。2015年，中科院科技政策与管理科学研究所对"一带一路"沿线65个国家进行了资源环境绩效评估，这也是国内首次进行的相关评估。该次评估的结果显示"一带一路"沿线65个国家的环境情况不容乐观，大多数国家生态系统脆弱，并且由于经济较为落后，开发方式多为粗犷式开发，对环境的负面影响较大。

尽管"一带一路"沿线国家和地区在过去的20多年里保持快速的增长态势，其GDP年均增长率约为世界平均增长率的2倍，成为世界经济比较有活力的地区。但是"一带一路"沿线国家和地区经济发展水平较低，虽然GDP总量约占世界的29%，但是人均GDP却只有世界平均水平的一半左右。在经济结构中，农业和工业增加值比重明显高于世界平均水平，而服务业增加值比重则明显低于世界平均水平。除此之外，部分"一带一路"沿线国家和地区经济发展方式仍比较粗放。沿线国家和地区单位GDP能耗、原木消耗、物质消费和二氧化碳排放高出世界平均水平的一半以上，单位GDP钢材消耗、水泥消耗、有色金属消耗、水耗、臭氧层消耗物质是世界平均水平的2倍以上。

应该看到，"一带一路"沿线国家和地区的面积不到世界的40%，人口却占世界的70%以上，人口密度比世界平均水平高出一半以上。除了是世界上自然资源的集中生产区外，该地区年境内水资源量只有世界的 35.7%，但年水资源开采量占世界的 66.5%，同时用去了世界 60% 以上的化肥，因此对水资源和水环境的压力高于世界平均水平。该地区还排放了世界 55% 以上的二氧化碳和温室气体。

"一带一路"沿线有不少国家处于干旱、半干旱环境，其森林覆盖率低于世界平均水平。李泽红、王卷乐、赵中平等著的《丝绸之路经济带生态环境格局与生态文明建设模式》指出，以"丝绸之路经济带"沿线的国家和地区为例，从 World Clim 获取的气候数据分析显示，"丝路"沿途大部分地区年均降水量在 500 毫米以下，一半地区在 200 毫米以下，降水总体偏少，水资源短缺。

（3）挑战与机遇并存。环境保护的风险为中国对外开展合作带来了挑战，但这也为我国传播生态文明理念与标准提供了新的平台，有利于我国环保产业"走出去"。2015 年 8 月，中国国家环保部同约旦等阿拉伯国家在以"绿色丝路与中阿环境合作伙伴关系"为主题的中阿环境合作论坛上，首次探讨了中阿在环境保护方面的发展合作。阿方表示希望通过"一带一路"战略，借鉴中国在理性使用自然资源、应对处理垃圾等问题方面的经验，建立联合的工业项目，例如利用新能源、海水淡化、沙漠化防治等项目，共同应对环境问题。此外，中国也同土耳其展开了相关合作的探讨，为共同建设环境友好的"一带一路"打下基础。

与此同时，中国在国内针对"一带一路"也进行了相关的奠基工作。其中之一为甘肃段，其作为丝绸之路经济带周边的重要城市，在"一带一路"战略提出后便提出了发展低碳环保的新工业化发展思想，针对自身情况，可持续地发展工业化；在中国的西南边境，广西壮族自治区作为多年对东南亚交流的窗口，有着较多对外进行环境友好型合作的经验，在绿色生态文明发展方面也有着丰富的经验。这些都为我国在实施"一带一路"战略过程中，实现经济发展与环境保护之间的有机结合打下了良好的基础。除此之外，中方众多环保方面的民营企业也有多年对外合作的经验，如2013年先河环保公司并购美国CES公司，为我国环保业跨国并购提供了经验；以及中国宜兴的众多环保企业均已有对外承包的相关工业项目。

在推进"一带一路"战略过程中，提高对环境风险的重视程度，不仅有利于塑造中国负责任大国的形象，还能够带动国内相关产业的技术提升和设备优化，倒逼国内企业加快自主研发和激发它们的创新活力，加快推动国内相关产业升级，进而加快转变中国经济增长方式，实现经济持续健康快速发展。

二、"一带一路"战略下环境保护的实践

1. 南亚——大湄公河次区域

1992年，亚洲开发银行举行了大湄公河次区域六国首次部长级会议，标志着大湄公河次区域经济合作（GMS）机制的正式启动。目前，CMS合作区域包括中国（云南省

和广西壮族自治区)、柬埔寨、老挝、缅甸、泰国和越南。该区域蕴藏着丰富的水资源、矿产资源和生物资源,具有巨大的经济潜力和开发前景。这个项目可为现在开展"一带一路"的环境保护工作提供有益借鉴。

中国一向重视参与大湄公河次区域的合作,积极参与推动了"大湄公河次区域核心环境与生物多样性走廊计划"(CEP-BCI)项目,并将云南省西双版纳和香格里拉德钦地区、广西壮族自治区靖西列为项目执行的重点区域。该项目主要是通过选定试点区域建立生物多样性保护走廊,恢复和维持现有国家自然公园和野生生物保护区之间的联系,联通被分割的野生动物栖息地,促进廊道区域内的生态保护和恢复以及生态扶贫开发,最终实现人与自然可持续的和谐发展。

CEP-BCI 项目一期自 2005 年开始实施,于 2011 年下半年顺利结束。在各方努力下取得了下列成就:从项目内容的角度,通过参与该项目,GMS 国家在生物多样性走廊规划与建设、环境和社会规划及其保障方法等方面都积累了宝贵的经验。从项目对中国国内的影响来看,在项目实行期间,中国在大湄公河区域 6 国中首先建立国家项目管理办公室(NSU);同时在云南、广西地区建立了试验示范区,制定了相关生物多样性保护计划,大大提高了这些地区的环境保护和参与区域合作的能力。从项目的国际影响角度,中国对 CEP-BCI 项目积极参与和大力支持的态度,起到了良好的增信释疑作用,增进了中国与各国之间的关系,减少了外交压力,为维护周边稳定做出了贡献。

目前二期项目(2014~2016)现已完成。二期项目主要包括四大板块内容：一是完善环境规划的体系、方法和保障机制；二是加强跨境生物多样性保护景观的管理，改善当地生计状况；三是制定适应气候变化和低碳发展的战略；四是提高机构开展可持续环境管理的能力，加大对可持续环境管理的资金支持力度。

CEP - BCI 项目的顺利开展和实施不仅关系到我国在 GMS 中的形象与影响力的进一步扩大，更关系到今后利用这一平台，加大与 GMS 各国环保合作力度，深入推动绿色金融和绿色丝路建设，为落实我国周边外交战略做出贡献。

2. 非洲国家

中国与非洲国家在环保领域的合作，可以追溯到 1972 年的联合国人类环境会议。在这次会议中，以苏丹为首的非洲国家对中国代表团提出的《人类环境宣言》草案修正案表示大力支持。之后在 1992 年的联合国环境与发展大会上，形成了"77 国集团 + 中国"合作方式，为促进南北对话发挥了积极的作用。在 2013 年第六届南南发展博览会上，中国正式启动了"中国南南环境合作 - 绿色使者计划"，以加强发展中国家之间在环境保护领域的能力建设与交流。

《推动共建丝绸之路经济带和 21 世纪海上丝绸之路的愿景与行动》明确将非洲作为"一带一路"愿景的实施区域之一。长期以来中国南南环境合作已经取得了丰富的经验和成果。这些经验的成果将在"一带一路"实践中进一步得到应用和发展。

丁金光在《中非环保合作的现状与特点》引用了这样一个案例：为消除生产过程中产生的污染，中国有色集团下属的非洲矿业公司制定了将环境效益与经济效益有机统一的治理方案。在固体废弃物的污染防治方面，公司首先是采用充填法采矿方法，将大量的选矿尾沙和掘进废石回填到废弃的采场，减少尾沙和废石的排弃量；其次是集中堆存废石，并在废石堆周围修筑防止水土流失的挡墙，开展覆土植被工作；最后是建石子加工厂，把废石加工成建筑材料，对废石进行回收利用。在废水治理方面，公司建立了水处理厂，处理后的水一部分供井下生产使用，一部分供周边企业作生产用水，还有一部分供给当地的生活饮用水厂，处理后作为当地居民的生活用水，大大提高了水资源的回收利用率。

在花香四季的赞比亚，中国有色集团一直在努力打造"碧水蓝天下的绿色企业"，冶炼厂采用世界最先进的艾萨铜冶炼技术，被当地环保官员评价为"赞比亚的绿色冶炼厂"。在赞比亚企业之间相互协同、优势互补，打造了铜产业的循环经济产业链。

3. 中亚国家

丝绸之路沿线的中亚国家，生态脆弱，荒漠化在不断加剧。以哈萨克斯坦为例，该国约 66% 的土地在逐步退化，近 1.8 亿公顷的土地沙漠化，其面积在中亚国家中高居首位。国际气候组织大中华区总裁吴昌华指出：丝绸之路沿线生态脆弱，荒漠化和土地退化严重，水资源短缺，给当地的发展带来严峻挑战。从气候变化角度而言，这些地区抵御气候变化的能力脆弱，极端天气、干旱缺水等问题挑战严峻。因此，中国企业在对这些国家进行投资时，所面临的不仅是经济问题，更是要呵护当地的生态环境，以实现可持续发展，推进"绿色丝绸之路"的建设。

瓦亚铁路是"一带一路"框架下中方在塔吉克斯坦投建的首个铁路项目，该项目于2016年8月正式通车。塔吉克斯坦地处帕米尔高原，植被以草木为主，一旦被破坏很难恢复。虽然当地缺乏铁路建设的环保标准和规范，但是中方建设者一直坚持环保理念，从长远的角度考虑，进场后就提出质量与环保并重的要求，对铁路沿线的自然边坡进行绿化，防止水土流失，对隧道排水也采用以排水管道暗排的方法，以减少对地面的冲刷。

三、"一带一路"与海洋环境保护

党的十八大报告提出："提高海洋资源开发能力，坚决维护国家海洋权益，建设海洋强国"。将"建设海洋强国"纳入国家大战略中。"丝绸之路经济带"和"21世纪海上丝绸之路"战略构想的提出，更是表明了国家对海洋经济发展的高度重视。21世纪人类社会将步入一个全面开发海洋的时代，海洋作为人类生存与发展的资源宝库和最后空间，势必会导致海洋经济成为全球经济新的增长点。而保护海洋环境也成为发展海洋经济过程中不可忽视的环节。谁的技术最先进，生产最环保，资源利用最高效，谁就能在市场竞争中获得优势和主动权。

1. 中国与"21 世纪海上丝绸之路"沿线国家的海洋环境合作

南海是"21 世纪海上丝绸之路"的境外起点,自南海分别向东西两向进行,一条抵达印度洋,一条抵达南太平洋地区。随着共建"21 世纪海上丝绸之路"的务实推进,中国与南海诸多国家海洋合作日益密切,而海洋环境问题也成为双方关注的焦点。目前,中国政府已经与印度尼西亚、泰国、马来西亚、越南、斯里兰卡等国家签署了海洋领域的合作协议。2012 年 1 月,国家海洋局颁布实施了《南海及其周边海洋国际合作框架计划(2011~2015)》,该计划得到了南海及周边国家的积极参与,取得了丰硕的成果。2012 年 3 月,中国与印度尼西亚签署建立了中印尼海洋与气候研究中心,并获得了中国——印尼海上合作基金的资助。国家海洋局还与东盟国家海洋部门建立了海洋合作联委会、研讨会等机制,倡导建立了中国——东盟海洋合作论坛机制,在海洋气候变化、海洋防灾减灾与海洋生物等领域取得了一批具有国际影响力的成果。

2016 年 11 月,国家海洋局颁布了《南海及其周边海洋国际合作框架计划(2016~2020)》。该框架积极配合"一带一路"战略实施。合作区域包括南海及其周边的印度洋、太平洋部分海域。合作领域在保留海洋与气候变化、海洋环境保护、海洋生态系统与生物多样性、海洋防灾减灾、区域海洋学研究、海洋政策与管理 6 个方面之外,新增海洋资源开发利用与蓝色经济发展合作领域,以进一步推进合作伙伴海上互联互通、提升海洋经济对外开放水平。

中国同样也注意加强海洋领域的南南合作，与斐济、巴布亚新几内亚、瓦努阿图、密克罗尼西亚、萨摩亚、汤加、库克群岛、纽埃等南太平洋小岛屿国家，开展海洋领域应对气候变化、环境保护等方面的合作。

2. 中国海洋经济的发展与环境保护

近年来，在国家"建设海洋强国"和"21世纪海上丝绸之路"战略的部署下，中国海洋经济保持平稳的发展态势。从发展前景来看，相较于陆域资源的匮乏，中国海域资源的开发尚处于起步阶段，海洋经济发展大有可为。但目前中国海洋经济的发展仍存在管理体制不完善、科技成果转化率低、资源开发不合理、环境不友好等问题亟待解决。中国在发展"21世纪海上丝绸"战略提供的跨区域海洋产业发展平台的同时，更要注重与沿线国家积极合作打造区域环境合作共同体，相互学习先进的经验，共同推进海洋经济与环境协调发展，共建"绿色丝绸之路"。

四、"一带一路"战略下的环境保护策略

1. 中国政府应对环境风险的措施

（1）建立"一带一路"沿线国家生态环境综合信息平台。政府有关部门及其研究机构应当为中国企业打造包含"一带一路"沿线国家和地区的生态环境、环境相关法律法规的综合信息服务平台。因为各个国家的资源禀赋、社

会经济情况、环境基础存在差异，对经济增长与环境保护的诉求也不同。为"一带一路"战略的顺利开展和中国企业的顺利"走出去"，政府有关部门应充分地挖掘沿线国家和地区可持续发展水平、生态环境、环境政策法规、环境基础设施建设以及生态环境有关的宗教文化状况等方面的信息，以帮助对外投资企业更好地认识到所面临的投资环境风险以及投资机遇。

（2）健全企业海外投资环境影响评价机制。中国应健全企业海外投资的环境影响评价机制，特别是要重视对生态脆弱国家的投资环境风险进行全面综合地评估。在评价范围上，结合国际热点，鼓励将生态环境、气候变化等因素纳入到环境影响评价机制的体系中。政府还可以建立对外投资项目的环境影响评价的数据库，并在适当的渠道予以公开，鼓励本国以及东道国的公众进行监督，这样一方面可以倒逼企业提高环境自律和社会责任意识，另一方面也能够更加充分地与东道国公众进行沟通，以尽早地发现并处理因环境因素可能导致的社会问题。

（3）加强针对海外投资的立法力度。目前，中国无论是从立法还是司法角度，都需要加强对于海外投资者的约束，进而规范其影响东道国生态环境的行为。近年来，为解决日益严重的海外投资所导致的环境问题，中国政府有关部门已经出台了一系列的引导性或规范性文件：2009年商务部出台了《境外投资管理办法》；2012年，商务部指导中国对外承包工程商会编制了《对外承包工程行业社会责任指引》；2013年2月18日，商务部、环境保护部联合发布了《对外投资合作环境保护指南》，为中国对外投资的环境行为提供指引。但以上措施中的环境相关内容都仅具备概括性，其可操作性远远不能适应"一带一路"战略下对外投资企业面临的愈发严格的环境要求。因此，制定一部可操作性的针对海外投资的法律或法规显得尤为必要。

2. 中国企业应对环境风险的措施

（1）认真研究并遵守本国和东道国的法律。中国企业对外投资时环境保护方面的义务，首先来自于我国和东道国的法律要求。海外投资企业要认真研究并遵守这些法律。值得注意的是，"一带一路"沿线的国家多为发展中国家或次发展中国家，普遍缺乏较为完善的环境和社会责任方面的法律法规，而这些地方的自然环境往往又很薄弱，是投资环境风险易发地区。这种情况下，中国企业要遵循更高的环境与社会标准才能尽可能地减少环境与社会方面的负面影响。

（2）对外直接投资要走"多层路线"。除了与政府部门联系的官方来源外，要认识到，海外投资企业的环保义务还有一些非正式的来源，主要包括东道国的居民、非政府组织（NGO）、反对派和媒体等。近年来，中国企业不了解国外形势，过于重视政府官方的路线，忽视了民间的路线，导致许多对外直接投资项目屡受挫折。例如，2012年11月，中缅莱比塘铜矿项目就因大规模当地民众抗议被迫全部中断。缅甸当地村民对莱比塘铜矿的投诉主要是污染环境、就业安置、拆迁补偿不公等问题。其实中国企业已经承担了应有的责任。但是由于中国企业不习惯、不主动与缅甸政府以外的其他社会团体打交道，导致由于信息不对称出现对项目不利的社会舆论。因此，中国企业在对外进行投资时不仅要获得政府的许可，还要考虑到项目各个利益相关者的影响，积极获取民意的支持。

（3）根据自身情况积极参与国际领先的组织。为了规避对外投资的环境风险，企业可根据自身的实际情况，加入国际领先的组织，借鉴它们的最佳实践经验。这样不仅可以指导投资者尽量减小环境负面影响发生的可能性，而且可以在影响真正发生时指导企业积极应对，进而能够降低企业名誉和财务受损的风险。

3. 中国的金融机构应对环境风险的措施

（1）建立高标准环境风险管理机制。海外投资项目的环境风险会给投资方带来损失，同时也会对提供投融资的金融机构带来风险。中国的金融机构对大型项目进行贷款时，往往是直接贷款给投资方，而非对项目进行无追索权或者有限追索权的融资，承担的风险较小，所以中国的金融机构对这些项目的环境和社会的要求会明显不足。项目融资是国际大型项目投资的融资趋势。为实现与国际的接轨，中国金融机构可以参照"赤道原则"等现有的国际标准，学习并建立高标准的环境风险管理机制。

（2）加强绿色金融体系建设。2016 年 9 月，在中国的大力倡导下，绿色金融首次被纳入 G20 杭州峰会的议程，为绿色金融被更广泛地认知、更积极地推进、更有效的落实奠定了基础。与传统项目相比，绿色投资项目往往投资周期较长、面临期限错配、信息不对称等问题。在新能源产业拥有广阔前景的背景下，为了增加绿色投资，更好地推动绿色发展。中国的金融机构需要加强绿色金融体系建设，具体的做法包括：试行绿色债券、绿色保险等金融产品；运用 PPP（政府和社会资本合作）模式，建立绿色投资基金，提高金融体系动员私人资本进行绿色投资的能力；建立绿色评级体系等。

4. 发挥非政府组织（NGO）和媒体的作用

目前，中国企业对外投资的报道更多的是来自于东道国和西方的媒体和非政府组织。中国的非政府组织和媒体可以加强与国外同行的合作。通过合作，加强实地调查，在环境风险发生的时候能够更好地把握真相，找出问题的症结所在，为中国企业更好地应对风险提供支持；并且可以避免过于偏颇的舆论出现，进而避免不必要的冲突。此外，非政府组织和媒体还可以借此对中国的海外投资者进行监督，必要的时候还能对东道国的民众、非政府组织和媒体施以援手，以更好地实现对东道国的生态环境与社会的保护。

本讲参考文献

1. 习近平主持中共中央政治局第三十一次集体学习，新华网 2016 年 4 月 30 日。

2. 胡涛、赵颖臻、周李焕、Denise Leung 等著：《对外投资中的环境与社会影响案例研究》，《国际经验与教训》，2013 年 7 月。

3. 王勇、林臻：《加强大湄公河次区域环境保护合作为"一带一路"战略提供环保支撑》,《环境与可持续发展》,2015 年第 40 期。

4. 丁金光:《中非环保合作的现状与特点》,《亚非纵横》,2008 年第 4 期。

5. 董战峰、葛察忠、王金南等:《"一带一路"绿色发展的战略实施框架》,《中国环境管理》,2016 年第8 期。

6. 周渝、吴婧、张一心等:《"一带一路"战略背景下中国企业"走出去"的环境挑战》,《未来与发展》,2016 年第 40 期。

第九讲 "一带一路"建设中的文化传播问题

如前所述，本书是一本用软力量来研究和宣传"一带一路"建设的读本。用软力量助推"一带一路"，就要做好理论研究、舆论宣传和文化传播三大任务。因此，在前文着重进行经济理论研究和解释的基础上，本讲简略谈一下"一带一路"的舆论宣传和文化传播的内容，并介绍一个文化交流方面的标志性工程。

一、"一带一路"舆论传播的现状与问题

1. "一带一路"舆论传播现状

由于"一带一路"的广泛影响，近年来国际上关于"一带一路"的报道众多。首先西方媒体，包括路透社、法新社、美国《华尔街日报》、日本《外交学者》等均发表了多篇报道评论；其次，东南亚地区媒体，如《印度时报》、新加坡《海峡时报》、菲律宾新闻社等也纷纷进行跟踪报道。

　　值得注意的是，出于前文理论模型所解释的合作共赢的原理，欧洲大陆各国智库对"一带一路"深感期待，但也不讳言欧洲人暂时的茫然和不知所措。笔者 2016 年 9 月在德国参加中欧经济合作论坛时也体会到这一点。一方面，欧洲大陆各国对"一带一路"有深深的期待：许多智库认为世界中心也许会逐渐从以"美国—大西洋—欧洲"为核心的基督教文明圈，转到以"中国—欧亚腹地—西欧"为核心的多元文明圈，并在全球形成"美国—大西洋—欧洲"、"中国—欧亚腹地—西欧"两个中心。而欧洲恰恰处在两个中心连接之处，因此对"一带一路"合作倡议的落地深感期待。另一方面，欧洲大陆各国也有些许茫然。因为欧洲国家目前并不知道如何对接"一带一路"，中国的企业也不知道如何深度开拓欧洲市场。这也不奇怪，"一带一路"是属于新型发展战略，中国以及相关各国仍需要时间探索如何更好地实施该政策。

　　美国媒体也予以较大的关注。美国《华盛顿邮报》早在 2013 年 10 月 14 日，也就是中国提出"一带一路"倡议后没几天，就发表了题为《中国用本国的两条丝绸之路绕过美国的"新丝绸之路"》的文章。该文章指出，奥巴马调整亚洲外交政策的部分目的，是通过日韩菲等盟国来遏制中国，而北京正悄无声息地通过自己在中亚的活动予以还击。后来，"美国之音"网站于 2014 年 7 月 8 日，发表了题为《中国建造新丝绸之路》的文章。该文章称，新丝绸之路将扩大中国的影响力。中国正通过对外援助和投资，特别是在非洲地区，将影响力扩展到更远的地方。美国《商业内幕》2014 年 9 月 20 日也发表题为《中国欲打造一个世界新秩序》的文章。该文章指出，中国目前正构筑各种机构，欲打造一个世界新秩序，虽然结局如何看起来并不清晰。

2. "一带一路"舆论传播中存在的问题

在当今时代，"酒香不怕巷子深"的日子早已过去，宣传已经成为取得成功的关键一环。因此，在公关宣传的问题上，一定不能掉以轻心。就目前而言，关于"一带一路"的宣传上存在着以下几个问题：

第一，缺乏比较有效的对内政策传播。长期以来，中国投入大量资金用于外宣，即向国外民众传播中国的政策，却在一定程度上忽视了全面、准确、及时的针对国内民众的政策宣传。目前，国内民众对于"一带一路"存在认识上的误区：一是认为"一带一路"建设与自己无关，特别是民营企业不了解自己应如何把握机会有所作为；二是认为"一带一路"就是"到处撒钱"，这将不可避免地影响中国政府对解决国内问题的资源投入；三是认为"一带一路"就是为了对抗美国这一"霸权"，最终让中国成为世界的"带头大哥"。虽然在国务院授权下，2015 年 3月，国家发展与改革委员会、外交部和商务部已联合发布了"一带一路"愿景与行动的白皮书，但那主要是对国外的，适合国内普通民众阅读理解"一带一路"的文件和读物很少。

第二，传播内容略显空泛，国外对此已有些"审美疲劳"。自从"一带一路"被正式提出后，很多外国智库和政府机构不断接待一批又一批来自中国的代表团。每个代表团几乎都要重复阐述"一带一路"的重大意义，然而重复的讲稿差别甚小，亦无突出重点，充斥着"互利"、"合作"、"共赢"、"共同体"等大而化之的表述。即使双方经过重重磋商就某些合作达成一定意向，也难免会陷入"再无下文"的怪圈，能够真正落实的"一带一路"项目寥寥可数。

第三，在政策传播中，时常表现出一种"以中国为中心、向他国施加恩惠"的心态。巴基斯坦的一名学者称，较之美国的"新丝绸之路"计划，中国的"一带一路"倡议的最大优势在于，中国也是"苦出身"，它知道如何帮助发展中国家有尊严地走出贫困、走出穷苦。然而，中国的有些官员和商界人士，在"一带一路"沿线的欠发达国家面前表现出一副趾高气扬的姿态，着重于宣传中国取得的成就如何之大，避而不谈中国面临的难题如何之多；侃侃而谈中国实现快速发展的奇迹，忽略讨论中国在发展过程中的失误和教训，等等。这些问题需要很好解决。否则，无法有效动员中国国内和相关国家内部的社会力量和民间力量参与"一带一路"建设。如果"一带一路"建设的社会民意基础不够坚实，仅仅依靠政府力量一定行之不远。一些重大经济项目由于缺乏社会民意层面的"软保护"，甚至会出现损失巨大的"烂尾工程"。

前述"一带一路"政策传播出现的问题，日益积累可能会引致更大的挑战，即无法有效带动中国国内和相关国家内部的社会力量和民间力量，又可能带来对"一带一路"建设的反作用。只有通过正确的舆论传播，处理好上述问题，"一带一路"相较于以往国际经济合作的优势才能充分发挥，助力本国和合作国家的发展。

二、做好"一带一路"的舆论传播的核心建议

前文已经明确，"一带一路"对内是战略、对外是倡议，对企业是项目。因此，"一带一路"舆论传播也应分内外有别、层次清楚。

1. 最重要的对策是要明确重点宣传"一带一路"战略的经济本质

深刻认识"一带一路"的经济本质，首先有助于提高对互联互通重要性的思想认识。"一带一路"是跨出国门进行建设，涉及复杂的自然地理环境和国家外交关系。特别是中国与周边国家的互联互通关系，对战略的实施效果影响较大。明确"一带一路"战略的经济本质可以帮助提高实现互联互通的认识。其次，有助于"一带一路"项目的经济收益和风险的评估。投资存在风险，但是它是与收益相对应的。根据经验和沿线国家情况，在投资项目的选择和评估上，说明"一带一路"战略的经济本质可以帮助评估互联互通的经济风险。最后，可以成为引导民营企业"走出去"的强大动力。过去由国家主导的外援效果明显，但也有看不见的巨大成本。这次"一带一路"战略主要依赖企业尤其是民营企业作为行动主体，政府起积极引导、因势利导、协调组织的作用。这都说明"一带一路"战略的经济本质可以成为引导民营企业"走出去"的根本动力。

2. 针对周边及沿线发展中国家强调和平共赢性质

避免将倡议战略化和地缘政治化，要充分考虑沿线国家特别是中小国家的利益和诉求，我国应与沿线存在争端的国家妥善处理好影响 "一带一路" 建设的敏感问题。"一带一路" 建设的基本方向是沿着向西和向南两个方向开展与相关国家的合作，具体看就是加强与东北亚、中亚、东南亚、南亚及中东等地区相关国家的深度经济合作。"一带一路" 建设为周边各国，特别是中小国家的深化经贸合作提供了新机遇。中国以及周边各国应以 "一带一路" 建设为契机，强调合作共赢的性质，加强基础设施互联互通，改善现有经济合作机制和贸易结构，推动自由贸易区建设，促进东北亚地区经济协调发展，实现多边和平共赢。

3. 针对大国（美、俄、印、欧盟各国等）做好增信释疑工作

要强调倡议的合作性和非排他性。例如，域内大国俄罗斯是我国的重要邻国，共同边界延绵数千公里，中俄两国同为金砖国家，在国际及地区事务上有广泛的共同利益与合作空间，现在两国已建立 "全面战略协作伙伴" 关系，形成外交、安全、科技等多领域全面合作。然而，随着 "一带一路" 建设的推进，也有不少俄罗斯人担心中国会影响其在中亚传统势力范围内的经贸关系与政治生态。"一带一路" 上有不少中亚国家原本是苏联的加盟国家，

一直被如今的俄罗斯视为其资源、商贸等的战略要地。中国推行"一带一路"，与中亚国家加强在能源、经贸和基建等领域合作，可能令俄罗斯警觉。此时，要针对俄罗斯做好增信释疑工作，强调倡议的合作性。俄罗斯是我国传统的友好国家，两国也建立"全面战略伙伴关系"，认识到"一带一路"是着重于双方共赢的策略，绝非国家势力扩张的武器。

另外，针对域外大国如美国等国家，也要做好适当增信释疑的宣传。"美国之音"曾发表文章称，"一带一路"将扩大中国的影响力。中国正通过对外援助和投资，将影响力扩展到更远的地方，试图重写世界秩序。文章表达美国部分民众对中国"一带一路"政策的质疑。随着 2016 年美国大选的落幕，中国政府正在努力改善美国对"一带一路"政策的认识。例如中华能源基金委员会于 2016 年 11 月 30 日在美国首都华盛顿举行了"中美对话专场：'一带一路'与中美合作论坛"，旨在提升各界对"一带一路"战略的认识，并期望为美国新政府和总统构筑参与"一带一路"战略的具体平台。原美国中央情报局局长、美国总统唐纳德·特朗普当时竞选办公室外交安全战略高级顾问詹姆斯·伍尔西作主题发言。他们认为上届美国政府不加入"一带一路"战略是一场"战略错误"，应该纠正。他对于未来中美两国在"一带一路"战略上的合作充满信心。因此，两国极有可能通过排除政治上的障碍，共同基于"一带一路"进行友好往来。

上面几个方面最重要的是要加强对"一带一路"经济本质的宣传。因为，它最有助于"一带一路"倡议正确和广泛地传播。

与以往的国际经济合作形式相比，中国"一带一路"倡议的内涵更加丰富。它不仅着眼于签订更多的商业合同，实现道路、贸易、货币的"互联互通"，还强调政策沟通和人心相通。所以，准确宣传"一带一路"战略的经济本质是微观合作共赢，宏观助推平衡，就可为宣传工作定下一个"锚"，促进国际经济合作优势的发挥，从推动本国和合作国家的"互联互通"发展，推动"一带一路"战略实现中国特色与国际惯例的结合。

三、"一带一路"沿线国家的文化交流

在古老的丝绸之路上，文化交流曾发挥过巨大作用。正是文化这个"软力量"，促进了不同文明交织交融，从而推动了经贸、投资等经济要素流动。当前，推进"一带一路"建设，更应重视文化的力量。注重文化交流，才能为沿线国家深层次合作奠定基石。要加强沿线国家的"硬件"合作，必须得到各国人民的支持，必须加强人民的友好往来，增进相互了解和传统友谊，为开展区域合作奠定坚实民意基础和社会基础。

1. 文化交流现状

2015年3月5日，国务院总理李克强在政府工作报告中数次提到"一带一路"，并把"一带一路"明确为经济发展的"三个支撑带"之一。经济与文化密不可分，"一带一路"在着重强调经济发展的同时，也不应忽略文化的

交流。但是就现状而言，"一带一路"涉及的文化交流领域仍需改善。

清华大学李希光教授（联合国教科文组织媒介素养与跨文化对话教席负责人）称："2015年暑期，我带着学生在乌兹别克斯坦沿着古丝绸腹地走了三千公里，没有看到中国做的丝绸之路文化项目。中国在一带一路的腹地也没有做草根工作，在丝绸之路最伟大的世界名城撒马尔罕没有一家中国餐馆。《一千零一夜》的阿拉丁是中国人，而今天人们在希瓦、布哈拉和撒马尔罕看不到任何中国元素。今天丝绸之路的旅行者在撒马尔罕看到的是日本和韩国花钱做丝绸之路文化项目，比如日本政府在撒马尔罕建了一个仿唐的桑皮纸作坊，作为旅游点；韩国政府资助撒马尔罕国家博物馆复原唐朝和高丽出使粟特国大型壁画。中国政府、企业和相关的专家学者，需要认真到'一带一路'沿线国家实地调查研究，提出具体可行的，并与丝绸之路遗存文化密切相关的文化项目，变考古学家的丝绸之路死文化为人民日常生活所需的丝绸之路活文化。"

文化的影响力超越时空，跨越国界。文化交流是民心工程、未来工程。古丝绸之路是一条文化交流之路。如今"一带一路"被赋予了更丰富的含义，更应在原来的基础上加强文化交流，实现沿线各国文化上的进步。

2. 目前文化交流中存在的问题

（1）文化存在多样性，了解文化规律的专业人才缺乏。共建"一带一路"的基本理念是顺应世界多极化、经济全球化、文化发展多样化、社会信息化发展的潮流，即坚持和谐包容的准则。"丝绸之路经济带"和"海上丝绸之路经济带"涉及 65 个国家和地区，包括东亚的蒙古、东盟 10 国、西亚 18 国、南亚 8 国、中亚 5 国、独联体 7 国、中东欧 16 国。每个国家都有自己独特的文化。开展"一带一路"建设就需要有了解相应文化的人，针对特定文化来指导如何进行文化交流。在中国"一带一路"建设愿景和行动的文件中，就特别强调倡导文明宽容，尊重各国发展道路和模式的选择，加强不同文明之间的对话，求同存异、兼容并蓄、和平共处、共生共荣。这实际上是一种文化观。也就是说，要理解广义的文化，一方面要理解文化的多样性，另一方面，更重要的是要理解文化如何去共生共荣。一个国家的发展道路和发展模式属于政治文化范畴，同样要得到尊重和相互的兼容、宽容、理解。从政治文化的角度讲，也是可以求同存异、兼容并蓄、和平共处的。那么从这样一种角度出发，具有示范效应的民族地区的文化优势应该说相当重要。因为对外开放本身不仅仅是经济方面的内容，而且是文化方面的内容。

然而，目前国内对于这些国家，尤其是其中的一些较小的国家（土库曼斯坦、亚美尼亚等）有深刻了解的专家并不多。因此，在"一带一路"的建设过程中，难免遇到民族冲突、文化差异等问题。各国各族人民在语言、文化、习俗等方面存在着历史形成的多样性差异，承认和尊重这种差异是历史唯物主义的态度，是和谐各国关系的前提。因此，应该有意培养文化专家，针对不同国家不同文化进行深入了解，更好地促进"一带一路"的文化交流。

（2）语言交流存在障碍。"一带一路"实际上可以概括为中国全方位对外开放的"路、带、廊、桥"大棋局。它还包括缅中印孟、中巴、中蒙俄三个走廊，以及欧亚大陆桥。这个棋局的开放是立足周边，通过与"一带一路"沿线国家商建自由贸易区，推进基础设施建设，实现互联互通，达到一种合作的更加紧密、往来更加便利、利益更加融合的互利共赢发展。"一带一路"涉及的国家地域众多，每个国家地域有相应的语言或方言。粗略统计，"一带一路"建设涉及国家通用语有近 50 种，再算上这一区域民族或部族语言，共计不下 200 种。这样可能导致中国与一些国家的语言交流会有隔阂，甚至产生误解。

现在部分西方舆论之所以对"一带一路"倡议进行歪曲甚至抹黑，一方面固然是出于政治目的、现实利益冲突的考虑；另一方面则是由于语言差别引致。如在西方人的文化理念里所理解的朝贡体系，和中国人所理解的朝贡体系，就有很大差别。这是因为在英语世界的概念里，无论是 nation、county，还是 government 都是各有所指。nation 指的是民族，county 指的是国家，government 指的是政府。但在汉语的概念里，这些英语的单词可统称为"国家"或"政府"。英语和汉语两种语言上的类似差异，背后是中国和西方不同文化的假设和意义。中国的一贯文化理念，追求的是"和而不同"，讲究的是"一种文明，多种体系"，只要认同一个中国，实施哪种制度均可，例如港澳地区"一国两制"就是"和而不同"的实例。但西方的文化理念，追求的则是"一种体系，多个国家"，讲究的是"均一"、"同质"，只要实施资本主义制度，组成多少个国家都可以。

中西方文化上的这类冲突，是西方国家对"一带一路"倡议出现了不同的理解甚至误解的重要原因之一。中国未来在进一步推动"一带一路"建设中，要减少文化上的类似冲突，首先需要解决语言交流障碍。语言是连接各国各民族的桥梁，只有在语言交流畅通无阻的情况下，才能准确地传达"一带一路"的丰富含义。

（3）文化交流"引进来"不够。文化是推动基础设施建设，推进"一带一路"合作盈利的重要着力点。作为中华文化"走出去"的独特平台，中国致力于传播优秀的中华民族文化。在文化交流中，中华文化传播力度越来越大。近年来中国在"一带一路"沿线国家举办了大量文化年、艺术节、电影展、艺术展、旅游推介等活动，中国文化中心和孔子学院在一些沿线国家落地。另外，海外中国文化中心也是我国在海外投资建设的文化基础设施。2015年，随着布鲁塞尔、尼泊尔、新加坡、斐济、坦桑尼亚、新西兰中国文化中心正式揭牌，海外中国文化中心总数达到 25 个。海外中国文化中心也成为对外传播"一带一路"的重要窗口。"一带一路"沿线风情摄影展、"一带一路"座谈会等各项有关活动在各中心高频举办，提高了驻在国对"一带一路"重大倡议和中华文化的认同感。可见，"一带一路"促进了我国的文化传播。

相比之下，中国文化走出去得多，引进来得少，对"一带一路"沿线国家的文化了解很少。这就对国内想要走出去的企业造成很大的困扰。建设"一带一路"文明圈，等于重塑中国地缘政治与地缘文明圈。丝绸之路不仅是商业通道，而且是人类社会交往的平台，多民族、多种族、多宗教、多文化在此交汇融合，丝绸之路不仅是一条"经济带"，也是一条"文化带"。中国以文化强国的姿态在传播中华文化的同时，更应吸收沿线各国的文化精髓。在文化"走出去"的同时，不忘将他国的文化"引进来"，才能更好地建设"一带一路"文化圈，为更多企业服务。

3. 发展"一带一路"的文化交流建议

共建"一带一路"，是为进一步提高我国对外开放水平而提出的重大战略构想，体现了"睦邻、安邻、惠邻"的诚意和"与邻为善、以邻为伴"的友善，是承贯古今、连接中外、造福沿途各国人民的伟大事业，得到国际社会的广泛关注和积极支持。在建设"一带一路"的进程中，应当坚持以经济为核心，以文化为前导的策略，树立文化引领经济的高度自觉，推动传统文化的传承与现代文化的创新，通过进一步深化与沿线国家的文化交流与合作，促进区域合作，实现共同发展。

特别是要注意到，文化交流仅仅依靠政府层面的沟通还远远不够，应综合利用各种外交手段来实现"一带一路"文化传播效果的最大化。

（1）企业外交。"一带一路"已成为企业走出去的战略引领和支撑，企业是一个国家在外的"名片"，外国政府、民众会将中国企业形象投射到中国形象上来。因此，积极投向"一带一路"建设之时，要注意企业在信息获取、国际化运作、弥合文化差异等诸多方面仍需面对的巨大困难与挑战，注意保持企业的形象和气度。

中国企业在面临中外文化差异时，应如何适应、兼容、发展，通过不同文化风俗和宗教信仰、生活方式更好地沟通与理解，使之转化为企业发展的潜力和动力？

中国国际广播电台国际在线总裁范建平认为，关于跨国企业文化的兼容有三个关键词：尊重、共同的价值追求和企业的核心文化。温哥华一家企业投资咨询公司顾问章筠建议，熟悉当地文化、聘请当地优秀管理人才、与当地公会达成协议等都是解决问题的方法。

中国社会科学院美国经济研究中心主任肖炼则提醒，中国企业在海外的投资遭遇过不少困难与挑战，政治偏见和"冷战思维"仍有市场，法律双重标准也影响巨大。一些国家贸易机构以"威胁国家安全"、"侵犯知识产权"、"反倾销反补贴"、"不公平贸易"等政治和经济理由阻碍有实力的中国企业"落地"。为此，中国企业可以与国外企业交朋友，加强与企业真正的沟通，通过经济合作伙伴去化解政治障碍，实现双赢。企业还要学习和熟悉所在国的法律法规，严格遵守东道国的法律，聘请懂国际法和东道主法律的律师和会计师，帮助企业处理法律纠纷，以确保企业自身的正当、合法权益。另外，要多与国外的研究机构、行业组织、中介服务机构、媒体等加强合作，保持沟通，也与中国驻外派出机构加强联系，与当地中国留学生、访问学者加强联系，利用其在当地的人脉关系和国际联系，解决企业经营中的实际问题，也促进不同国家之间的文化交流，用实际行动阐释"一带一路"互利共赢的核心理念。

（2）智库外交。智库是从事公共政策研究、不以营利为目的的组织，力图通过各种传播渠道影响公共政策制定和社会舆论。自 2013 年 9 月习近平主席在中亚首次提出"一带一路"伟大倡议，到 2015 年 3 月 28 日正式发布《推动共建丝绸之路经济带和 21 世纪海上丝绸之路的愿景与行动》文件，一大批聚焦"一带一路"建设的智库出现在大众视野之中，从各关键领域为"一带一路"建言献策。这其中既有政府的智库群体、企业或高校联合组建的智库，也有民间独立智库，各具特色和优势。有人说，"一带一路"智库就像一场雨后，草原上立刻长出一片片的蘑菇，各具特色。智库外交在一带一路的文化交流中发挥举足轻重的作业。笔者所在中国人民大学，三年前与企业合作成立了人大重阳金融研究院，近年来就为"一带一路"的研究和宣传做出了独特的重要的努力和贡献。

一方面，智库中的专家学者知识文化水平较高，能够较准确地理解"一带一路"的战略价值。在国外更是如此。由各国智库充当意见领袖，向其国内民众阐释"一带一路"内涵的效果，比我国单纯对外输送的效果更佳。

另一方面，智库在政府制定政策过程中发挥着举足轻重的作用。例如美国的"旋转门"机制，一些社会精英在政府官员和智库学者的身份之间来回转换，能对国家政策的制定产生重大影响。如果能够通过智库间的交流，让其他国家的智库学者接纳"一带一路"，这一战略将会执行得更加顺畅。目前中国已有大批的智库代表团奔赴世界各地，宣讲"一带一路"内容，寻求合作契机，但考察周期短，获取信息不全面，流于表面。因此，智库需要更加专业化的建设以促进文化交流。

三、"一带一路"文化交流的标志性工程：厦门大学马来西亚校区项目

1. 项目简介

厦门大学（Xiamen University），简称厦大，由著名爱国华侨领袖陈嘉庚于1921年创办，是中国第一所华侨创办的大学，也是国家"211工程"和"985工程"重点建设的高水平大学。

2012年2月28日，厦门大学正式宣布到马来西亚设分校。这是第一所中国知名高校在海外开办的分校。2014年10月17日，中国电建集团承建厦门大学马来西亚校区破土动工，标志着中国第一所海外大学正式诞生。一期工程总工期为24个月（从2014年10月1日起计算），2015年9月满足首批学生开学入住要求。2015年秋季，马来西亚分校首批计划招生500人，采用英语教学，开设信息科学与技术、海洋与环境、经济与管理、中国语言与文化和医学五个学院，教育层次包括本科、硕士和博士。所授学位也将得到中国和马来西亚两国教育部的认证。预期到2020年，马来西亚分校的学生规模达到6000～8000人，最终学生规模达到1万人。

厦大马来西亚分校位于首都吉隆坡西南45公里，占地150英亩，总建筑面积计划为47万平方米，在校生总规模为1万人，包括本科生、硕士、博士三个教育层次。厦大马来西亚分校将分期建设，第一期建筑面积约20万平

方米，学生规模为 5000 人。厦大将根据第一期办学情况择机开展第二期建设。一期工程主要包括教学楼、礼堂中心、学生活动中心、体育馆（足球场、篮球场、排球场、网球场等）、学生公寓楼、座钟楼和两个警卫室等。项目建成后将成为中国首个海外设立的重点大学。第二期拟设立化学工程与能源学院、电子工程学院、生物工程学院、材料科学与技术学院、动漫与文化创意学院 5 个学院。

2016 年 7 月，厦门大学马来西亚分校首次招收 500 名中国大陆留学生。厦门大学马来西亚分校招收的中国学生全部参加全国统一高考，并在各省（区、市）本科一批（重点本科）录取。

2016 年 11 月 3 日，中国和马来西亚在北京发表《中华人民共和国和马来西亚联合新闻声明》。《声明》称，厦门大学马来西亚分校是两国高等教育合作新的里程碑，将为当地社会培养亟须的优秀人才，深化中马两国友谊。由此，厦大成为中国首个在海外设分校的大学。

2. 意义及前景

第一，"一带一路"的海外优势明显。第二，马来西亚文化多元，具有开放、包容精神。马来西亚政府对厦门大学在该国办学十分支持。除厦门大学在马开设的学校，在马来西亚设校办学的国外高校来自西方，马方希望有中国高校能够入驻马来西亚。第三，马来西亚爱国侨领陈嘉庚先生于 1995 年前创办的厦门大学，与东南亚国家联系密切，与马来西亚更有一种天然的联系。如厦门大学已同马来西亚最高学府马来亚大学建成姐妹校。第四，马来西亚国内现有600多万名华侨华人，其中近半数来自中国福建省。马来西亚华侨华人家乡情结深厚，对厦门大学怀有深厚的感情，对该校来马办学表示出极大的热情和支持。第四，厦门大学具有很强竞争优势，一些实用性较强的学科，如经济、管理、法学、化学、海洋学、中医、中文等，已被证明受到外国学生欢迎，这些学科也特别适合东南亚国家学生。

厦大为何会漂洋过海地到马来西亚办分校？根据校方介绍，这源于马来西亚首相纳吉布。他曾经提出希望能有一所中国大学到马来西亚办分校。在和中国教育部会晤后，马来西亚高教部经过研究，选定厦大。因为厦门大学是一所与东南亚接触较广、国际化倾向比较明显的中国重点高校。厦大的前沿学科如东南亚研究、海洋科学、工科、商科、会计、中西医药都是中西兼容，有很强的学术品牌，具有中国当代高等教育软实力的表征。另外，办学影响大。第一，可以丰富当地高教结构。马来西亚的高等教育脱胎于前殖民地英国的高教体制，至2012年已有英国、澳大利亚、荷兰等国十几所大学在马办分校，逐渐形成欧美与本土结合的高教结构。作为第一所入驻马来西亚的亚洲知名大学，厦门大学在东南亚的声誉很好，在东南亚各国都有庞大的成功校友群。由此分校除了能够带动更多中国学生来马学习外，马来西亚也能借助厦大的声誉及在东南亚国家中的广泛网络，带动更多外国学生来马深造。厦大到马来西亚设立分校将会与本地私立、国立大学产生良性竞争，提升教学素质，让马来西亚高等教育发展更趋多元，并吸引更多国际学生来马学习，同时也将为马来西亚学子提供更多选择。第二，为华人学生提供更多升学途径。厦门大学分校预计将为马来西亚华文独立中学学生提供更多升学途径。过去马来西亚的华文独立中学每年都会参加由马来西亚董教总举办的统考，但这一考试成绩却不被马来西亚教育部所承认，导致华文独立中学高中生升学的途径仅限于国外大学和马来西亚国内私立大学。因此，厦大在马来西亚设立分校，将会为华文独立中学生升学提供更多途径。第三，可以更好传播中华文化。厦大负责人表示，该校将秉承"感恩、奉献及责任"的精神来设立分校，"我们会像当年的陈嘉庚那样，绝对不会以利益为目的，而是为了传播中华文化。"

本讲参考文献

1. 李克强：《政府工作报告》，中国政府网，2015 年 3 月 17 日。

2. 王辉，贾文娟：《国外媒体看"一带一路"(2016)》，社会科学文献出版社 2016 年 7 月版。

3. 郝时远：《中国文化多样性与"一带一路"建设》，《改变世界经济地理的"一带一路"》，上海交通大学出版社 2015 年 9 月版。

4. 高伟：《注重"一带一路"的海外传播——实践与思考》，光明网 2016 年 9 月 27 日。

5. 《厦门大学马来西亚分校正式开学》，厦门大学官网，2016 年 2 月 22 日。

第十讲　回顾与小结

"一带一路"是着眼中国与世界发展共振的新的历史特点，为进一步深化中国与世界各国的合作，构建更加紧密的命运共同体，为中国及沿线地区人民的福祉而提出的战略构想。

从更加广泛和长远的国际关系、文化历史角度出发来看，"一带一路"战略既超越了古代传统的丝绸之路，又超越了近代的国际大循环战略。正因为如此，以习近平为核心的党中央对"一带一路"的理论和实践都予以高度重视。具体体现在：

（1）理念革新：提出了共商、共建、共享的"三同"和利益共同体、责任共同体、命运共同体的"三体"理念。

（2）理论创新：涉及经济发展理论、区域合作理论、全球化理论等。实践为理论注入了新的材料，也为新的理论的孕育提供了丰富的土壤。

（3）方式崭新：依靠中国和有关国家的多边合作机制，借助行之有效的区域合作平台，主动发展与沿线国家的经济合作伙伴关系，实现"五通"——政策沟通、设施联通、贸易畅通、资金融通、民心相通，共同打造政治互信、经济融合、文化包容的利益共同体、命运共同体和责任共同体，充分展示"世界养育中国、中国回馈世界"的主旋律。

应该看到，中国"一带一路"战略构想的推进，既有历史赋予的机遇，又存在巨大的挑战。"一带一路"既是中国全方位对外开放的必然逻辑、文明复兴的必然趋势，也是全球化的包容性发展的必然要求。它面临着全方位的开放、外交、合作以及全球发展的新机遇，也面临着地缘政治风险、安全风险以及经济风险等各种风险。因此，需要各个国家的积极参与，共同推进这个有利于各个国家经济社会发展，有利于文化交流，有利于人类进步的伟大事业。正因为如此，对这个问题的研究必然不同于其他问题的研究，它具有如下五个特点：（1）综合性；（2）战略性；（3）系统性；（4）国际性；（5）长期性。

看到这里，许多读者会说，"一带一路"的经济本质我已经明白了，这个确实是一个伟大而又务实的战略构想，但是在"一带一路"的实际工作中确实遇到许多具体问题又怎么办？这就要求以习近平关于处理好"一带一路"的六种关系的理论来武装头脑。

中共中央政治局 2016 年 4 月 29 日下午就历史上的丝绸之路和海上丝绸之路进行第三十一次集体学习。中共中央总书记习近平在主持学习时强调，"一带一路"建设是我国在新的历史条件下实行全方位对外开放的重大举措、推行互利共赢的重要平台。我们必须以更高的站位、更广的视野，在吸取和借鉴历史经验的基础上，以创新的理念和创新的思维，扎扎实实做好各项工作，使沿线各国人民实实在在感受到"一带一路"给他们带来的好处。

"一带一路"倡议提出来后，习主席用"一石激起千层浪"来总结外界的巨大反响。为什么各方反映强烈，主要是因为这个倡议顺应了时代要求和各国加快发展的愿望，具有深厚历史渊源和人文基础。而从中国自身的情况来看，这个倡议符合我国经济发展内生性要求，也有助于带动我国边疆民族地区发展。

习近平在这个学习会上指出，"一带一路"倡议，唤起了沿线国家的历史记忆。古代丝绸之路是一条贸易之路，更是一条友谊之路。在中华民族同其他民族的友好交往中，逐步形成了以和平合作、开放包容、互学互鉴、互利共赢为特征的丝绸之路精神。在新的历史条件下，我们提出"一带一路"倡议，就是要继承和发扬丝绸之路精神，把我国发展同沿线国家发展结合起来，把中国梦同沿线各国人民的梦想结合起来，赋予古代丝绸之路以全新的时代内涵。推进"一带一路"建设，要处理好我国利益和沿线国家利益的关系，政府、市场、社会的关系，经贸合作和人文交流的关系，对外开放和维护国家安全的关系，务实推进和舆论引导的关系。

1. 我国利益和沿线国家利益的关系

习近平指出，我国是"一带一路"的倡导者和推动者，但建设"一带一路"不是我们一家的事。"一带一路"建设不应仅仅着眼于我国自身发展，而是要以我国发展为契机，让更多国家搭上我国发展快车，帮助他们实现发展目标。我们要在发展自身利益的同时，更多考虑和照顾其他国家利益。要坚持正确义利观，以义为先、义利并举，不急功近利，不搞短期行为。要统筹我国同沿线国家的共同利益和具有差异性的利益关切，寻找更多利益交汇点，调动沿线国家积极性。我国企业走出去既要重视投资利益，更要赢得好名声、好口碑，遵守驻在国法律，承担更多社会责任。

2. 政府、市场、社会的关系

习近平强调，推进"一带一路"建设，既要发挥政府把握方向、统筹协调作用，又要发挥市场作用。政府要在宣传推介、加强协调、建立机制等方面发挥主导性作用，同时要注意构建以市场为基础、企业为主体的区域经济合作机制，广泛调动各类企业参与，引导更多社会力量投入"一带一路"建设，努力形成政府、市场、社会有机结合的合作模式，形成政府主导、企业参与、民间促进的立体格局。

3. 经贸合作和人文交流的关系

习近平指出，人文交流合作也是"一带一路"建设的重要内容。真正要建成"一带一路"，必须在沿线国家民众中形成一个相互欣赏、相互理解、相互尊重的人文格局。民心相通是"一带一路"建设的重要内容，也是"一带一路"建设的人文基础。要坚持经济合作和人文交流共同推进，注重在人文领域精耕细作，尊重各国人民文化历史、风俗习惯，加强同沿线国家人民的友好往来，为"一带一路"建设打下广泛社会基础。

4. 对外开放和维护国家安全的关系

要加强同沿线国家在安全领域的合作，努力打造利益共同体、责任共同体、命运共同体，共同营造良好环境。

5. 务实推进和舆论引导的关系

要重视和做好舆论引导工作，通过各种方式，讲好"一带一路"故事，传播好"一带一路"声音，为"一带一路"建设营造良好舆论环境。

6. 国家总体目标和地方具体目标的关系

习近平强调，"一带一路"建设既要确立国家总体目标，也要发挥地方积极性。地方的规划和目标要符合国家总体目标，服从大局和全局。要把主要精力放在提高对外开放水平、增强参与国际竞争能力、倒逼转变经济发展方式和调整经济结构上来。要立足本地实际，找准位置，发挥优势，取得扎扎实实的成果，努力拓展改革发展新空间。

习近平提出的要处理好六种关系，高屋建瓴地概括了我们学习和了解"一带一路"战略中所遇到的种种关系，是解决"一带一路"实践各个具体问题的一个总纲领。

近两年来，笔者在研究和宣传"一带一路"的过程中，时时刻刻感受到中央领导和社会各界的指导和帮助。试看2016年一年来习近平总书记根据"一带一路"实践发展而不断提出的理论观点：四月提出要正确处理好六种关系；六月总结三年试点经验，提出未来发展方向；七月讲话定位国际合作项目；八月座谈会阐述本质内容；九月杭州 G20 峰会谈协调发展；十二月指出要用软实力助推。试问：哪个课题研究或者工作能这样干的？答案很明确，因为这是关系到中国发展的大战略，是关系到世界发展的大战略。

关于"一带一路"战略，在本书开始时曾经提出"谁持彩练当空舞?"这个问题。现在对于这个问题的回答已经有了，就是：我们、你们、他们。也就是说，作为统领中国和影响世界未来几十年发展的重大战略，"一带一路"战略的实现要靠我们大家与沿线国家人民共同建设和努力。我们可用一句诗句这样来描绘"一带一路"的发展过程："众里寻他千百度。蓦然回首，那人却在灯火阑珊处。"让我们一起努力实现这个目标！

本讲参考文献

1. 习近平：《推进"一带一路"，要处理好六种关系》，新华社 2016 年 4 月 29 日电。

2. 习近平：《在 G20 杭州峰会开幕式上的致辞》，新华社 2016 年 9 月 4 日电。

附录一：《推动共建丝绸之路经济带和 21 世纪海上丝绸之路的愿景与行动》

（2015 年 3 月 28 日）

经国务院授权，国家发展改革委、外交部、商务部 3 月 28 日联合发布了《推动共建丝绸之路经济带和 21 世纪海上丝绸之路的愿景与行动》。

愿景与行动分为 8 个部分：一、时代背景；二、共建原则；三、框架思路；四、合作重点；五、合作机制；六、中国各地方开放态势；七、中国积极行动；八、共创美好未来。

前言

2000 多年前，亚欧大陆上勤劳勇敢的人民，探索出多条连接亚欧非几大文明的贸易和人文交流通路，后人将其统称为"丝绸之路"。千百年来，"和平合作、开放包容、互学互鉴、互利共赢"的丝绸之路精神薪火相传，推进了人类文明进步，是促进沿线各国繁荣发展的重要纽带，是东西方交流合作的象征，是世界各国共有的历史文化遗产。

进入21世纪，在以和平、发展、合作、共赢为主题的新时代，面对复苏乏力的全球经济形势，纷繁复杂的国际和地区局面，传承和弘扬丝绸之路精神更显重要和珍贵。

2013年9月和10月，中国国家主席习近平在出访中亚和东南亚国家期间，先后提出共建"丝绸之路经济带"和"21世纪海上丝绸之路"（以下简称"一带一路"）的重大倡议，得到国际社会高度关注。中国国务院总理李克强参加2013年中国—东盟博览会时强调，铺就面向东盟的海上丝绸之路，打造带动腹地发展的战略支点。加快"一带一路"建设，有利于促进沿线各国经济繁荣与区域经济合作，加强不同文明交流互鉴，促进世界和平发展，是一项造福世界各国人民的伟大事业。

"一带一路"建设是一项系统工程，要坚持共商、共建、共享原则，积极推进沿线国家发展战略的相互对接。为推进实施"一带一路"重大倡议，让古丝绸之路焕发新的生机活力，以新的形式使亚欧非各国联系更加紧密，互利合作迈向新的历史高度，中国政府特制定并发布《推动共建丝绸之路经济带和21世纪海上丝绸之路的愿景与行动》。

一、时代背景

当今世界正发生复杂深刻的变化，国际金融危机深层次影响继续显现，世界经济缓慢复苏、发展分化，国际投资贸易格局和多边投资贸易规则酝酿深刻调整，各国面临的发展问题依然严峻。共建"一带一路"顺应世界多极化、经济全球化、文化多样化、社会信息化的潮流，秉持开放的区域合作精神，致力于维护全球自由贸易体系和开放型世界经济。共建"一带一路"旨在促进经济要素有序自由流动、资源高效配置和市场深度融合，推动沿线各国实现经济政策协调，开展更大范围、更高水平、更深层次的区域合作，共同打造开放、包容、均衡、普惠的区域经济合作架构。共建"一带一路"符合国际社会的根本利益，彰显人类社会共同理想和美好追求，是国际合作以及全球治理新模式的积极探索，将为世界和平发展增添新的正能量。

共建"一带一路"致力于亚欧非大陆及附近海洋的互联互通，建立和加强沿线各国互联互通伙伴关系，构建全方位、多层次、复合型的互联互通网络，实现沿线各国多元、自主、平衡、可持续的发展。"一带一路"的互联互通项目将推动沿线各国发展战略的对接与耦合，发掘区域内市场的潜力，促进投资和消费，创造需求和就业，增进沿线各国人民的人文交流与文明互鉴，让各国人民相逢相知、互信互敬，共享和谐、安宁、富裕的生活。

当前，中国经济和世界经济高度关联。中国将一以贯之地坚持对外开放的基本国策，构建全方位开放新格局，深度融入世界经济体系。推进"一带一路"建设既是中国扩大和深化对外开放的需要，也是加强和亚欧非及世界各国互利合作的需要，中国愿意在力所能及的范围内承担更多责任义务，为人类和平发展作出更大的贡献。

二、共建原则

恪守联合国宪章的宗旨和原则。遵守和平共处五项原则，即尊重各国主权和领土完整、互不侵犯、互不干涉内政、和平共处、平等互利。

坚持开放合作。"一带一路"相关的国家基于但不限于古代丝绸之路的范围，各国和国际、地区组织均可参与，让共建成果惠及更广泛的区域。

坚持和谐包容。倡导文明宽容，尊重各国发展道路和模式的选择，加强不同文明之间的对话，求同存异、兼容并蓄、和平共处、共生共荣。

坚持市场运作。遵循市场规律和国际通行规则，充分发挥市场在资源配置中的决定性作用和各类企业的主体作用，同时发挥好政府的作用。

坚持互利共赢。兼顾各方利益和关切，寻求利益契合点和合作最大公约数，体现各方智慧和创意，各施所长，各尽所能，把各方优势和潜力充分发挥出来。

三、框架思路

"一带一路"是促进共同发展、实现共同繁荣的合作共赢之路，是增进理解信任、加强全方位交流的和平友谊之路。中国政府倡议，秉持和平合作、开放包容、互学互鉴、互利共赢的理念，全方位推进务实合作，打造政治互信、经济融合、文化包容的利益共同体、命运共同体和责任共同体。

"一带一路"贯穿亚欧非大陆，一头是活跃的东亚经济圈，一头是发达的欧洲经济圈，中间广大腹地国家经济发展潜力巨大。丝绸之路经济带重点畅通中国经中亚、俄罗斯至欧洲（波罗的海）；中国经中亚、西亚至波斯湾、地中海；中国至东南亚、南亚、印度洋。21世纪海上丝绸之路重点方向是从中国沿海港口过南海到印度洋，延伸至欧洲；从中国沿海港口过南海到南太平洋。

根据"一带一路"走向，陆上依托国际大通道，以沿线中心城市为支撑，以重点经贸产业园区为合作平台，共同打造新亚欧大陆桥、中蒙俄、中国—中亚—西亚、中国—中南半岛等国际经济合作走廊；海上以重点港口为节点，共同建设通畅安全高效的运输大通道。中巴、孟中印缅两个经济走廊与推进"一带一路"建设关联紧密，要进一步推动合作，取得更大进展。

"一带一路"建设是沿线各国开放合作的宏大经济愿景，需各国携手努力，朝着互利互惠、共同安全的目标相向而行。努力实现区域基础设施更加完善，安全高效的陆海空通道网络基本形成，互联互通达到新水平；投资贸易便利化水平进一步提升，高标准自由贸易区网络基本形成，经济联系更加紧密，政治互信更加深入；人文交流更加广泛深入，不同文明互鉴共荣，各国人民相知相交、和平友好。

四、合作重点

沿线各国资源禀赋各异，经济互补性较强，彼此合作潜力和空间很大。以政策沟通、设施联通、贸易畅通、资金融通、民心相通为主要内容，重点在以下方面加强合作。

政策沟通。加强政策沟通是"一带一路"建设的重要保障。加强政府间合作，积极构建多层次政府间宏观政策沟通交流机制，深化利益融合，促进政治互信，达成合作新共识。沿线各国可以就经济发展战略和对策进行充分交流对接，共同制定推进区域合作的规划和措施，协商解决合作中的问题，共同为务实合作及大型项目实施提供政策支持。

设施联通。基础设施互联互通是"一带一路"建设的优先领域。在尊重相关国家主权和安全关切的基础上，沿线国家宜加强基础设施建设规划、技术标准体系的对接，共同推进国际骨干通道建设，逐步形成连接亚洲各次区域以及亚欧非之间的基础设施网络。强化基础设施绿色低碳化建设和运营管理，在建设中充分考虑气候变化影响。

抓住交通基础设施的关键通道、关键节点和重点工程，优先打通缺失路段，畅通瓶颈路段，配套完善道路安全防护设施和交通管理设施设备，提升道路通达水平。推进建立统一的全程运输协调机制，促进国际通关、换装、多式联运有机衔接，逐步形成兼容规范的运输规则，实现国际运输便利化。推动口岸基础设施建设，畅通陆水联运通道，推进港口合作建设，增加海上航线和班次，加强海上物流信息化合作。拓展建立民航全面合作的平台和机制，加快提升航空基础设施水平。

加强能源基础设施互联互通合作，共同维护输油、输气管道等运输通道安全，推进跨境电力与输电通道建设，积极开展区域电网升级改造合作。

共同推进跨境光缆等通信干线网络建设，提高国际通信互联互通水平，畅通信息丝绸之路。加快推进双边跨境光缆等建设，规划建设洲际海底光缆项目，完善空中（卫星）信息通道，扩大信息交流与合作。

贸易畅通。投资贸易合作是"一带一路"建设的重点内容。宜着力研究解决投资贸易便利化问题，消除投资和贸易壁垒，构建区域内和各国良好的营商环境，积极同沿线国家和地区共同商建自由贸易区，激发释放合作潜力，做大做好合作"蛋糕"。

沿线国家宜加强信息互换、监管互认、执法互助的海关合作，以及检验检疫、认证认可、标准计量、统计信息等方面的双多边合作，推动世界贸易组织《贸易便利化协定》生效和实施。改善边境口岸通关设施条件，加快边境口岸"单一窗口"建设，降低通关成本，提升通关能力。加强供应链安全与便利化合作，推进跨境监管程序协调，推动检验检疫证书国际互联网核查，开展"经认证的经营者"（AEO）互认。降低非关税壁垒，共同提高技术性贸易措施透明度，提高贸易自由化便利化水平。

拓宽贸易领域，优化贸易结构，挖掘贸易新增长点，促进贸易平衡。创新贸易方式，发展跨境电子商务等新的商业业态。建立健全服务贸易促进体系，巩固和扩大传统贸易，大力发展现代服务贸易。把投资和贸易有机结合起来，以投资带动贸易发展。

加快投资便利化进程，消除投资壁垒。加强双边投资保护协定、避免双重征税协定磋商，保护投资者的合法权益。

拓展相互投资领域，开展农林牧渔业、农机及农产品生产加工等领域深度合作，积极推进海水养殖、远洋渔业、水产品加工、海水淡化、海洋生物制药、海洋工程技术、环保产业和海上旅游等领域合作。加大煤炭、油气、金属矿产等传统能源资源勘探开发合作，积极推动水电、核电、风电、太阳能等清洁、可再生能源合作，推进能源资源就地就近加工转化合作，形成能源资源合作上下游一体化产业链。加强能源资源深加工技术、装备与工程服务合作。

推动新兴产业合作，按照优势互补、互利共赢的原则，促进沿线国家加强在新一代信息技术、生物、新能源、新材料等新兴产业领域的深入合作，推动建立创业投资合作机制。

优化产业链分工布局，推动上下游产业链和关联产业协同发展，鼓励建立研发、生产和营销体系，提升区域产业配套能力和综合竞争力。扩大服务业相互开放，推动区域服务业加快发展。探索投资合作新模式，鼓励合作建设境外经贸合作区、跨境经济合作区等各类产业园区，促进产业集群发展。在投资贸易中突出生态文明理念，加强生态环境、生物多样性和应对气候变化合作，共建绿色丝绸之路。

中国欢迎各国企业来华投资。鼓励本国企业参与沿线国家基础设施建设和产业投资。促进企业按属地化原则经营管理，积极帮助当地发展经济、增加就业、改善民生，主动承担社会责任，严格保护生物多样性和生态环境。

资金融通。资金融通是"一带一路"建设的重要支撑。深化金融合作，推进亚洲货币稳定体系、投融资体系和信用体系建设。扩大沿线国家双边本币互换、结算的范围和规模。推动亚洲债券市场的开放和发展。共同推进亚洲基础设施投资银行、金砖国家开发银行筹建，有关各方就建立上海合作组织融资机构开展磋商。加快丝路基金组建运营。深化中国—东盟银行联合体、上合组织银行联合体务实合作，以银团贷款、银行授信等方式开展多边金融合作。支持沿线国家政府和信用等级较高的企业以及金融机构在中国境内发行人民币债券。符合条件的中国境内金融机构和企业可以在境外发行人民币债券和外币债券，鼓励在沿线国家使用所筹资金。

加强金融监管合作，推动签署双边监管合作谅解备忘录，逐步在区域内建立高效监管协调机制。完善风险应对和危机处置制度安排，构建区域性金融风险预警系统，形成应对跨境风险和危机处置的交流合作机制。加强征信管理部门、征信机构和评级机构之间的跨境交流与合作。充分发挥丝路基金以及各国主权基金作用，引导商业性股权投资基金和社会资金共同参与"一带一路"重点项目建设。

民心相通。民心相通是"一带一路"建设的社会根基。传承和弘扬丝绸之路友好合作精神，广泛开展文化交流、学术往来、人才交流合作、媒体合作、青年和妇女交往、志愿者服务等，为深化双多边合作奠定坚实的民意基础。

扩大相互间留学生规模，开展合作办学，中国每年向沿线国家提供1万个政府奖学金名额。沿线国家间互办文化年、艺术节、电影节、电视周和图书展等活动，合作开展广播影视剧精品创作及翻译，联合申请世界文化遗产，共同开展世界遗产的联合保护工作。深化沿线国家间人才交流合作。

加强旅游合作，扩大旅游规模，互办旅游推广周、宣传月等活动，联合打造具有丝绸之路特色的国际精品旅游线路和旅游产品，提高沿线各国游客签证便利化水平。推动21世纪海上丝绸之路邮轮旅游合作。积极开展体育交流活动，支持沿线国家申办重大国际体育赛事。

强化与周边国家在传染病疫情信息沟通、防治技术交流、专业人才培养等方面的合作，提高合作处理突发公共卫生事件的能力。为有关国家提供医疗援助和应急医疗救助，在妇幼健康、残疾人康复以及艾滋病、结核、疟疾等主要传染病领域开展务实合作，扩大在传统医药领域的合作。

加强科技合作，共建联合实验室（研究中心）、国际技术转移中心、海上合作中心，促进科技人员交流，合作开展重大科技攻关，共同提升科技创新能力。

整合现有资源，积极开拓和推进与沿线国家在青年就业、创业培训、职业技能开发、社会保障管理服务、公共行政管理等共同关心领域的务实合作。

充分发挥政党、议会交往的桥梁作用，加强沿线国家之间立法机构、主要党派和政治组织的友好往来。开展城市交流合作，欢迎沿线国家重要城市之间互结友好城市，以人文交流为重点，突出务实合作，形成更多鲜活的合作范例。欢迎沿线国家智库之间开展联合研究、合作举办论坛等。

加强沿线国家民间组织的交流合作，重点面向基层民众，广泛开展教育医疗、减贫开发、生物多样性和生态环保等各类公益慈善活动，促进沿线贫困地区生产生活条件改善。加强文化传媒的国际交流合作，积极利用网络平台，运用新媒体工具，塑造和谐友好的文化生态和舆论环境。

五、合作机制

当前，世界经济融合加速发展，区域合作方兴未艾。积极利用现有双多边合作机制，推动"一带一路"建设，促进区域合作蓬勃发展。

加强双边合作，开展多层次、多渠道沟通磋商，推动双边关系全面发展。推动签署合作备忘录或合作规划，建设一批双边合作示范。建立完善双边联合工作机制，研究推进"一带一路"建设的实施方案、行动路线图。充分发挥现有联委会、混委会、协委会、指导委员会、管理委员会等双边机制作用，协调推动合作项目实施。

强化多边合作机制作用，发挥上海合作组织（SCO）、中国—东盟（"10＋1"）、亚太经合组织（APEC）、亚欧会议（ASEM）、亚洲合作对话（ACD）、亚信会议（CICA）、中阿合作论坛、中国—海合会战略对话、大湄公河次区域（GMS）经济合作、中亚区域经济合作（CAREC）

等现有多边合作机制作用，相关国家加强沟通，让更多国家和地区参与"一带一路"建设。

继续发挥沿线各国区域、次区域相关国际论坛、展会以及博鳌亚洲论坛、中国—东盟博览会、中国—亚欧博览会、欧亚经济论坛、中国国际投资贸易洽谈会，以及中国—南亚博览会、中国—阿拉伯博览会、中国西部国际博览会、中国—俄罗斯博览会、前海合作论坛等平台的建设性作用。支持沿线国家地方、民间挖掘"一带一路"历史文化遗产，联合举办专项投资、贸易、文化交流活动，办好丝绸之路（敦煌）国际文化博览会、丝绸之路国际电影节和图书展。倡议建立"一带一路"国际高峰论坛。

六、中国各地方开放态势

推进"一带一路"建设，中国将充分发挥国内各地区比较优势，实行更加积极主动的开放战略，加强东中西互动合作，全面提升开放型经济水平。

西北、东北地区。发挥新疆独特的区位优势和向西开放重要窗口作用，深化与中亚、南亚、西亚等国家交流合作，形成丝绸之路经济带上重要的交通枢纽、商贸物流和文化科教中心，打造丝绸之路经济带核心区。发挥陕西、甘肃综合经济文化和宁夏、青海民族人文优势，打造西安内陆型改革开放新高地，加快兰州、西宁开发开放，推进宁夏内陆开放型经济试验区建设，形成面向中亚、南亚、西亚国家的通道、商贸物流枢纽、重要产业和人文交流基地。发挥内蒙古联通俄蒙的区位优势，完善黑龙江对俄铁路通道和区域铁路网，以及黑龙江、吉林、辽宁与俄远东地区陆海联运合作，推进构建北京—莫斯科欧亚高速运输走廊，建设向北开放的重要窗口。

西南地区。发挥广西与东盟国家陆海相邻的独特优势，加快北部湾经济区和珠江—西江经济带开放发展，构建面向东盟区域的国际通道，打造西南、中南地区开放发展新的战略支点，形成21世纪海上丝绸之路与丝绸之路经济带有机衔接的重要门户。发挥云南区位优势，推进与周边国家的国际运输通道建设，打造大湄公河次区域经济合作新高地，建设成为面向南亚、东南亚的辐射中心。推进西藏与尼泊尔等国家边境贸易和旅游文化合作。

沿海和港澳台地区。利用长三角、珠三角、海峡西岸、环渤海等经济区开放程度高、经济实力强、辐射带动作用大的优势，加快推进中国（上海）自由贸易试验区建设，支持福建建设21世纪海上丝绸之路核心区。充分发挥深圳前海、广州南沙、珠海横琴、福建平潭等开放合作区作用，深化与港澳台合作，打造粤港澳大湾区。推进浙江海洋经济发展示范区、福建海峡蓝色经济试验区和舟山群岛新区建设，加大海南国际旅游岛开发开放力度。加强上海、天津、宁波—舟山、广州、深圳、湛江、汕头、青岛、烟台、大连、福州、厦门、泉州、海口、三亚等沿海城市港口建设，强化上海、广州等国际枢纽机场功能。以扩大开放倒逼深层次改革，创新开放型经济体制机制，加大科技创新力度，形成参与和引领国际合作竞争新优势，成为"一带一路"特别是21世纪海上丝绸之路建设的排头兵和主力军。发挥海外侨胞以及香港、澳门特别行政区独特优势作用,积极参与和助力"一带一路"建设。为台湾地区参与"一带一路"建设做出妥善安排。

内陆地区。利用内陆纵深广阔、人力资源丰富、产业基础较好优势,依托长江中游城市群、成渝城市群、中原城市群、呼包鄂榆城市群、哈长城市群等重点区域,推动区域互动合作和产业集聚发展,打造重庆西部开发开放重要支撑和成都、郑州、武汉、长沙、南昌、合肥等内陆开放型经济高地。加快推动长江中上游地区和俄罗斯伏尔加河沿岸联邦区的合作。建立中欧通道铁路运输、口岸通关协调机制,打造"中欧班列"品牌,建设沟通境内外、连接东中西的运输通道。支持郑州、西安等内陆城市建设航空港、国际陆港,加强内陆口岸与沿海、沿边口岸通关合作,开展跨境贸易电子商务服务试点。优化海关特殊监管区域布局,创新加工贸易模式,深化与沿线国家的产业合作。

七、中国积极行动

一年多来,中国政府积极推动"一带一路"建设,加强与沿线国家的沟通磋商,推动与沿线国家的务实合作,实施了一系列政策措施,努力收获早期成果。

高层引领推动。习近平主席、李克强总理等国家领导人先后出访20多个国家,出席加强互联互通伙伴关系对话会、中阿合作论坛第六届部长级会议,就双边关系和地区发展问题,多次与有关国家元首和政府首脑进行会晤,深入阐释"一带一路"的深刻内涵和积极意义,就共建

"一带一路"达成广泛共识。

签署合作框架。与部分国家签署了共建"一带一路"合作备忘录，与一些毗邻国家签署了地区合作和边境合作的备忘录以及经贸合作中长期发展规划。研究编制与一些毗邻国家的地区合作规划纲要。

推动项目建设。加强与沿线有关国家的沟通磋商，在基础设施互联互通、产业投资、资源开发、经贸合作、金融合作、人文交流、生态保护、海上合作等领域，推进了一批条件成熟的重点合作项目。

完善政策措施。中国政府统筹国内各种资源，强化政策支持。推动亚洲基础设施投资银行筹建，发起设立丝路基金，强化中国—欧亚经济合作基金投资功能。推动银行卡清算机构开展跨境清算业务和支付机构开展跨境支付业务。积极推进投资贸易便利化，推进区域通关一体化改革。

发挥平台作用。各地成功举办了一系列以"一带一路"为主题的国际峰会、论坛、研讨会、博览会，对增进理解、凝聚共识、深化合作发挥了重要作用。

八、共创美好未来

共建"一带一路"是中国的倡议，也是中国与沿线国家的共同愿望。站在新的起点上，中国愿与沿线国家一道，以共建"一带一路"为契机，平等协商，兼顾各方利益，反映各方诉求，携手推动更大范围、更高水平、更深层次的大开放、大交流、大融合。"一带一路"建设是开放的、包容的，欢迎世界各国和国际、地区组织积极参与。

共建"一带一路"的途径是以目标协调、政策沟通为主，不刻意追求一致性，可高度灵活，富有弹性，是多元开放的合作进程。中国愿与沿线国家一道，不断充实完善"一带一路"的合作内容和方式，共同制定时间表、路线图，积极对接沿线国家发展和区域合作规划。

中国愿与沿线国家一道，在既有双多边和区域次区域合作机制框架下，通过合作研究、论坛展会、人员培训、交流访问等多种形式，促进沿线国家对共建"一带一路"内涵、目标、任务等方面的进一步理解和认同。

中国愿与沿线国家一道，稳步推进示范项目建设，共同确定一批能够照顾双多边利益的项目，对各方认可、条件成熟的项目抓紧启动实施，争取早日开花结果。

"一带一路"是一条互尊互信之路，一条合作共赢之路，一条文明互鉴之路。只要沿线各国和衷共济、相向而行，就一定能够谱写建设丝绸之路经济带和21世纪海上丝绸之路的新篇章，让沿线各国人民共享"一带一路"共建成果。

（据新华社2015年3月28日电）

附录二：《共建"一带一路"：理念、实践与中国的贡献》

推进"一带一路"建设工作领导小组办公室

2017 年 5 月

前言

2013 年 9 月和 10 月，中国国家主席习近平先后提出共建"丝绸之路经济带"和"21 世纪海上丝绸之路"（以下简称"一带一路"）倡议，得到国际社会的高度关注和有关国家的积极响应。共建"一带一路"倡议借用古丝绸之路的历史符号，融入了新的时代内涵，既是维护开放型世界经济体系，实现多元、自主、平衡和可持续发展的中国方案；也是深化区域合作，加强文明交流互鉴，维护世界和平稳定的中国主张；更体现了中国作为最大的发展中国家和全球第二大经济体，对推动国际经济治理体系朝着公平、公正、合理方向发展的责任担当。

值此"一带一路"国际合作高峰论坛召开之际，作为共建"一带一路"倡议的发起者，中国发表《共建"一带一路"：理念、实践与中国的贡献》，以期增进国际社会对共建"一带一路"倡议的进一步了解，展示共建"一带一路"的丰富成果，增进各国战略互信和对话合作，为携手打造你中有我、我中有你的人类命运共同体作出新的更大贡献。

一、时代呼唤：从理念到蓝图

当今世界，经济全球化、区域一体化激发出强大的生产潜力，科技进步极大地提高了生产和生活效率，人类在物质和精神财富的创造方面达到了前所未有的高度。与此同时，随着经济社会的快速发展，各国之间的利益纽带不断密切，共同面临的挑战也日益增多：世界经济增长乏力，传统增长引擎对经济的拉动作用减弱；全球化面临新的艰难险阻，符合全人类利益的开放合作理念面临威胁；全球经济治理体系未能反映客观变化，体制机制革新进展缓慢；发达经济体进入后工业化阶段，一些发展中国家却尚未开启现代化的大门；全球贸易投资体系有待完善，互利共赢的全球价值链尚未成型；相当多的国家基础设施不足，区域、次区域发展面临瓶颈制约。面对困难挑战，唯有加强合作才是根本出路，正基于此，中国提出共建"一带一路"的合作倡议。

共建"一带一路"倡议是促进全球和平合作和共同发展的中国方案。共建"一带一路"合作是所有国家不分大小、贫富，平等相待共同参与的合作；是公开、透明、开放，为世界和平与发展增添正能量的合作；是传承丝绸之路精神，追求互利共赢和优势互补的合作；是各国共商共建共享，共同打造全球经济治理新体系的合作；是推动要素高效流动和市场深度融合，实现多元、自主、平衡和可持续发展的合作；是推动地区发展，促进繁荣稳定，扩大文明对话和互学互鉴的合作。

中国愿意将自身发展形成的经验和基础，与各国的发展意愿和比较优势结合起来，以共建"一带一路"作为重要契机和合作平台，促进各国加强经济政策协调，提高互联互通水平，开展更大范围、更高水平、更深层次的双多边合作，共同打造开放、包容、均衡、普惠的新型合作架构。共建"一带一路"倡议以其平等包容的外在特征和契合实际的内在特点，体现了包括中国在内的"一带一路"沿线各国的共同利益，是面向未来的国际合作新共识，展现了中国梦与世界梦相互联通，各国携手打造人类命运共同体的美好愿景。

为推动理念变为现实，2015年3月，中国政府授权有关部门对外发布了《推动共建丝绸之路经济带和21世纪海上丝绸之路的愿景与行动》，提出了共建"一带一路"的顶层设计框架，为共建"一带一路"的未来描绘了宏伟蓝图。

二、合作框架：从方案到实践

中国秉持"和平合作、开放包容、互学互鉴、互利共赢"的丝绸之路精神，坚持共商、共建、共享原则，不断扩大与"一带一路"沿线国家的合作共识，推动共建"一带一路"由规划设计方案变为各方参与的合作行动。

1. 达成合作共识

中国主动推动共建"一带一路"倡议与"一带一路"沿线国家的国家战略、发展愿景、总体规划等有效对接，寻求共建"一带一路"的合适切入点。截至 2016 年底，已有 100 多个国家表达了对共建"一带一路"倡议的支持和参与意愿，中国与 39 个国家和国际组织签署了 46 份共建"一带一路"合作协议，涵盖互联互通、产能、投资、经贸、金融、科技、社会、人文、民生、海洋等合作领域。2015 年 7 月 10 日，上海合作组织发表了《上海合作组织成员国元首乌法宣言》，支持中国关于建设丝绸之路经济带的倡议。2016 年 11 月 17 日，联合国 193 个会员国协商一致通过决议，欢迎共建"一带一路"等经济合作倡议，呼吁国际社会为"一带一路"建设提供安全保障环境。2017 年 3 月 17 日，联合国安理会一致通过第 2344 号决议，呼吁国际社会通过"一带一路"建设加强区域经济合作。中国积极履行国际责任，在共建"一带一路"框架下深化同各有关国际组织的合作，与联合国开发计划署、亚太经社会、世界卫生组织签署共建"一带一路"的合作文件。

中国政府对共建"一带一路"高度重视，成立了推进"一带一路"建设工作领导小组，在国家发展和改革委员会设立领导小组办公室。为落实好已签署的共建"一带一路"合作协议，领导小组办公室制定了工作方案，有步骤地推进同相关国家的合作。按照协商一致的原则，与先期签署备忘录的国家共同编制双边合作规划纲要，编制并签署中蒙俄经济走廊建设规划纲要和中哈（萨克斯坦）、中白（俄罗斯）、中捷（克）对接合作文件，开展同老挝、柬埔寨、孟加拉国、塔吉克斯坦、沙特阿拉伯、波兰、匈牙利等国的规划对接。

2. 构建顶层框架

根据中国国家主席习近平的倡议和新形势下推进国际合作的需要，结合古代陆海丝绸之路的走向，共建"一带一路"确定了五大方向：丝绸之路经济带有三大走向，一是从中国西北、东北经中亚、俄罗斯至欧洲、波罗的海；二是从中国西北经中亚、西亚至波斯湾、地中海；三是从中国西南经中南半岛至印度洋。21 世纪海上丝绸之路有两大走向，一是从中国沿海港口过南海，经马六甲海峡到印度洋，延伸至欧洲；二是从中国沿海港口过南海，向南太平洋延伸。

根据上述五大方向，按照共建"一带一路"的合作重点和空间布局，中国提出了"六廊六路多国多港"的合作框架。"六廊"是指新亚欧大陆桥、中蒙俄、中国—中亚—西亚、中国—中南半岛、中巴和孟中印缅六大国际经济合作走廊。"六路"指铁路、公路、航运、航空、管道和空间综合信息网络，是基础设施互联互通的主要内容。"多国"是指一批先期合作国家。"一带一路"沿线有众多国家，中国既要与各国平等互利合作，也要结合实际与一些国家率先合作，争取有示范效应、体现"一带一路"理念的合作成果，吸引更多国家参与共建"一带一路"。"多港"是指若干保障海上运输大通道安全畅通的合作港口，通过与"一带一路"沿线国家共建一批重要港口和节点城市，进一步繁荣海上合作。"六廊六路多国多港"是共建"一带一路"的主体框架，为各国参与"一带一路"合作提供了清晰的导向。

3. 共建经济走廊

新亚欧大陆桥、中蒙俄、中国—中亚—西亚经济走廊经过亚欧大陆中东部地区，不仅将充满经济活力的东亚经济圈与发达的欧洲经济圈联系在一起，更畅通了连接波斯湾、地中海和波罗的海的合作通道，为构建高效畅通的欧亚大市场创造了可能，也为地处"一带一路"沿线、位于亚欧大陆腹地的广大国家提供了发展机遇。中国—中南半岛、中巴和孟中印缅经济走廊经过亚洲东部和南部这一全球人口最稠密地区，连接沿线主要城市和人口、产业集聚区。澜沧江—湄公河国际航道和在建的地区铁路、公路、油气网络，将丝绸之路经济带和21世纪海上丝绸之路联系到一起，经济效应辐射南亚、东南亚、印度洋、南太平洋等地区。

新亚欧大陆桥经济走廊。新亚欧大陆桥经济走廊由中国东部沿海向西延伸，经中国西北地区和中亚、俄罗斯抵达中东欧。新亚欧大陆桥经济走廊建设以中欧班列等现代化国际物流体系为依托，重点发展经贸和产能合作，拓展能源资源合作空间，构建畅通高效的区域大市场。截至2016年底，中欧班列运行路线达39条，开行近3000列，覆盖欧洲9个国家、14个城市，成为沿途国家促进互联互通、提升经贸合作水平的重要平台。中哈国际物流合作项目进展顺利,已成为哈萨克斯坦开展贸易和跨境运输合作的重要窗口。中哈霍尔果斯国际边境合作中心建设稳步推进。比雷埃夫斯港运营顺利,为中希(腊)互利共赢作出贡献。

中蒙俄经济走廊。2014 年 9 月 11 日,中国国家主席习近平在出席中国、俄罗斯、蒙古国三国元首会晤时提出,将"丝绸之路经济带"同"欧亚经济联盟"、蒙古国"草原之路"倡议对接,打造中蒙俄经济走廊。2015 年 7 月 9 日,三国有关部门签署了《关于编制建设中蒙俄经济走廊规划纲要的谅解备忘录》。2016 年 6 月 23 日,三国元首共同见证签署了《建设中蒙俄经济走廊规划纲要》,这是共建"一带一路"框架下的首个多边合作规划纲要。在三方的共同努力下,规划纲要已进入具体实施阶段。

中国—中亚—西亚经济走廊。中国—中亚—西亚经济走廊由中国西北地区出境,向西经中亚至波斯湾、阿拉伯半岛和地中海沿岸,辐射中亚、西亚和北非有关国家。2014 年 6 月 5 日,中国国家主席习近平在中国—阿拉伯国家合作论坛第六届部长级会议上提出构建以能源合作为主轴,以基础设施建设、贸易和投资便利化为两翼,以核能、航天卫星、新能源三大高新领域为突破口的中阿"1+2+3"合作格局。2016 年 G20 杭州峰会期间,中哈(萨克斯坦)两国元首见证签署了《中哈丝绸之路经济带建设和"光明之路"新经济政策对接合作规划》。中国与塔吉克斯坦、吉尔吉斯斯坦、乌兹别克斯坦等国签署了共建丝绸之路经济带的合作文件,与土耳其、伊朗、沙特、卡塔尔、科威特等国签署了共建"一带一路"合作备忘录。中土双方就开展土耳其东西高铁项目合作取得重要共识，进入实质性谈判阶段。

中国—中南半岛经济走廊。中国—中南半岛经济走廊以中国西南为起点，连接中国和中南半岛各国，是中国与东盟扩大合作领域、提升合作层次的重要载体。2016 年 5 月 26 日，第九届泛北部湾经济合作论坛暨中国—中南半岛经济走廊发展论坛发布《中国—中南半岛经济走廊倡议书》。中国与老挝、柬埔寨等国签署共建"一带一路"合作备忘录，启动编制双边合作规划纲要。推进中越陆上基础设施合作，启动澜沧江—湄公河航道二期整治工程前期工作，开工建设中老铁路，启动中泰铁路，促进基础设施互联互通。设立中老磨憨—磨丁经济合作区，探索边境经济融合发展的新模式。

中巴经济走廊。中巴经济走廊是共建"一带一路"的旗舰项目，中巴两国政府高度重视，积极开展远景规划的联合编制工作。2015 年 4 月 20 日，两国领导人出席中巴经济走廊部分重大项目动工仪式，签订了 51 项合作协议和备忘录，其中近 40 项涉及中巴经济走廊建设。"中巴友谊路"——巴基斯坦喀喇昆仑公路升级改造二期、中巴经济走廊规模最大的公路基础设施项目——白沙瓦至卡拉奇高速公路顺利开工建设，瓜达尔港自由区起步区加快建设，走廊沿线地区能源电力项目快速上马。

孟中印缅经济走廊。孟中印缅经济走廊连接东亚、南亚、东南亚三大次区域，沟通太平洋、印度洋两大海域。2013 年 12 月，孟中印缅经济走廊联合工作组第一次会议在中国昆明召开，各方签署了会议纪要和联合研究计划，正式启动孟中印缅经济走廊建设政府间合作。2014 年 12 月召开孟中印缅经济走廊联合工作组第二次会议,广泛讨论并展望了孟中印缅经济走廊建设的前景、优先次序和发展方向。

三、合作领域:从经济到人文

共建"一带一路"以政策沟通、设施联通、贸易畅通、资金融通、民心相通为主要内容,既开展互联互通、产能合作、贸易投资等重点领域的务实合作,也重视推动沿线国家之间多种形式的人文交流,实现经济和文化的共同繁荣发展。

1. 促进基础设施互联互通

加强基础设施建设,推动跨国、跨区域互联互通是共建"一带一路"的优先合作方向。中国政府鼓励实力强、信誉好的企业走出国门,在"一带一路"沿线国家开展铁路、公路、港口、电力、信息通信等基础设施建设,促进地区互联互通,造福广大民众。

——对接建设规划。中国与"一带一路"沿线国家对接基础设施建设规划,建立由主管部门牵头的双多边互联互通政策协商和对话机制,同时重视发展互联互通伙伴关系,将加强基础设施互联互通纳入共建"一带一路"合作协议。中国政府部门与欧盟委员会签署谅解备忘录,启动中欧互联互通平台合作。中国、老挝、缅甸和泰国等四国共同编制了《澜沧江—湄公河国际航运发展规划(2015~

2025年)》。2016年9月,《二十国集团领导人杭州峰会公报》通过中国提出的建立"全球基础设施互联互通联盟"倡议。

——衔接质量技术体系。中国在尊重相关方主权和关切的基础上,推动与"一带一路"相关国家在标准、计量和认证认可体系方面的合作。中国政府部门发布了《标准联通"一带一路"行动计划(2015~2017年)》、《共同推动认证认可服务"一带一路"建设的愿景与行动》、《"一带一路"计量合作愿景和行动》,推进认证认可和标准体系对接,共同制定国际标准和认证认可规则。中国将与"一带一路"沿线国家共同努力,促进计量标准"一次测试、一张证书、全球互认",推动认证认可和检验检疫"一个标准、一张证书、区域通行"。

——促进运输便利化。中国与"一带一路"沿线15个国家签署了包括《上海合作组织成员国政府间国际道路运输便利化协定》、《关于沿亚洲公路网国际道路运输政府间协定》在内的16个双多边运输便利化协定,启动《大湄公河次区域便利货物及人员跨境运输协定》便利化措施,通过73个陆上口岸开通了356条国际道路运输线路。与"一带一路"沿线47个国家签署了38个双边和区域海运协定,与62个国家签订了双边政府间航空运输协定,民航直航已通达43个国家。中国政府有关部门还发布了《关于贯彻落实"一带一路"倡议加快推进国际道路运输便利化的意见》,推动各国互联互通法规和体系对接,增进"软联通"。

——推动项目建设。中老铁路、匈塞铁路、中俄高铁、印度尼西亚雅万高铁、巴基斯坦白沙瓦至卡拉奇高速公路、中巴喀喇昆仑公路二期升级改造、比雷埃夫斯港、汉班托塔港、瓜达尔港等标志性项目建设取得进展。埃塞俄比亚亚的斯亚贝巴—吉布提铁路建成通车,这是非洲第一条跨国电气化铁路。哈萨克斯坦南北大通道 TKU 公路、白俄罗斯铁路电气化改造,以及中国企业在乌兹别克斯坦、塔吉克斯坦实施的铁路隧道等项目,将有效提升所在国运输能力。中国愿与有关国家一道,继续打造连接亚洲各次区域以及亚非欧之间的交通基础设施网络,提升互联互通水平和区域、次区域物流运输效率。

——联通能源设施。中国积极推动与相关国家的能源互联互通合作,推进油气、电力等能源基础设施建设,与相关国家共同维护跨境油气管网安全运营,促进国家和地区之间的能源资源优化配置。中俄原油管道、中国—中亚天然气管道 A/B/C 线保持稳定运营,中国—中亚天然气管道 D 线和中俄天然气管道东线相继开工,中巴经济走廊确定的 16 项能源领域优先实施项目已有 8 项启动建设。中国与俄罗斯、老挝、缅甸、越南等周边国家开展跨境电力贸易,中巴经济走廊、大湄公河次区域等区域电力合作取得实质性进展,合作机制不断完善。中国企业积极参与"一带一路"沿线国家电力资源开发和电网建设改造,中兴能源巴基斯坦 QA 光伏发电项目建成后将成为全球规模最大的单体光伏发电项目,吉尔吉斯斯坦达特卡—克明输变电、老挝胡埃兰潘格雷河水电站、巴基斯坦卡洛特水电站等项目有助于缓解当地电力不足的矛盾。

——打造信息网络。"一带一路"沿线国家共同推进跨境光缆等通信网络建设，提高国际通信互联互通水平。
截至 2016 年底，中国通过国际海缆可连接美洲、东北亚、
东南亚、南亚、大洋洲、中东、北非和欧洲地区，通过国
际陆缆连接俄罗斯、蒙古国、哈萨克斯坦、吉尔吉斯斯
坦、塔吉克斯坦、越南、老挝、缅甸、尼泊尔、印度等
国，延伸覆盖中亚、东南亚、北欧地区。中国政府有关部
门还与土耳其、波兰、沙特阿拉伯等国机构签署了《关于
加强 "网上丝绸之路" 建设合作促进信息互联互通的谅解
备忘录》，推动互联网和信息技术、信息经济等领域合作。

2. 提升经贸合作水平

中国与 "一带一路" 沿线国家已经建立了紧密的经贸
联系，有力地促进了各国经济和产业发展。中国重视进一
步发展与 "一带一路" 沿线国家互利共赢的经贸伙伴关
系，致力于建立更加均衡、平等和可持续的贸易体系。

——密切经贸联系。中国与 "一带一路" 沿线国家贸
易规模与结构持续优化，货物贸易平稳增长，服务贸易合
作出现新亮点。在全球贸易持续低迷的背景下，2016 年中
国与 "一带一路" 沿线国家货物贸易总额 9478 亿美元，
占同期中国货物进出口总额的 25.7%。与 "一带一路" 沿
线国家服务进出口总额 1222 亿美元，占同期中国服务进出
口总额的 15.2%，比 2015 年提高 3.4 个百分点。在产业
转型升级、内需持续增长和消费需求升级的多重驱动下，
中国巨大的国内市场也为 "一带一路" 沿线各国提供了广
阔的经贸合作机遇。

——构建 "一带一路" 自贸区网络。中国倡导更具包

容性的自由贸易，与"一带一路"沿线经济体积极开展贸易协定谈判。中国—东盟自贸区升级、中国—格鲁吉亚自贸谈判已经完成，区域全面经济伙伴关系协定（RCEP）谈判取得积极进展，中国—马尔代夫自贸区等协定谈判取得重要突破。推进中国—海合会、中国—以色列、中国—斯里兰卡以及中国—巴基斯坦自贸区第二阶段谈判，推动中国—尼泊尔、中国—孟加拉国自贸区和中国—摩尔多瓦自贸协定联合可行性研究。

——推动贸易便利化。中国与"一带一路"沿线国家共同推进海关大通关体系建设，与沿线海关开展"信息互换、监管互认、执法互助"合作。启动国际贸易"单一窗口"试点，加快检验检疫通关一体化建设，实现"进口直通、出口直放"。在口岸开辟哈萨克斯坦、吉尔吉斯斯坦、塔吉克斯坦农产品快速通关"绿色通道"。发布《"一带一路"检验检疫合作重庆联合声明》、《"一带一路"食品安全合作联合声明》、《第五届中国—东盟质检部长会议联合声明》。与"一带一路"沿线国家和地区签署了78项合作文件，推动工作制度对接、技术标准协调、检验结果互认、电子证书联网。

3. 扩大产能与投资合作

开展国际产能和装备制造合作，扩大相互投资，是共建"一带一路"的另一优先合作方向。中国是世界制造业大国，一些产业具有较强的国际竞争力。中国政府支持本国优势产业走出去，以严格的技术和环保标准，在"一带一路"沿线国家开展多元化投资，培育双边经济合作新亮点。

——扩大合作共识。截至 2016 年底，中国已同哈萨克斯坦、埃塞俄比亚等 27 个国家签订了国际产能合作文件，与东盟 10 国发表《中国—东盟产能合作联合声明》，与湄公河 5 国发表《澜沧江—湄公河国家产能合作联合声明》，开展了规划、政策、信息、项目等多种形式的对接合作。与俄罗斯在总理定期会晤机制下成立了中俄投资合作委员会，协调两国非能源产业的投资合作。在形成共识的基础上，中国按照市场主导和互利共赢原则，与有关国家围绕原材料、装备制造、轻工业、清洁能源、绿色环保和高技术产业等领域，实施了一系列合作项目，提升东道国产业发展水平，创造税收和就业岗位。

——共建合作平台。截至 2016 年底，中国在沿边省区设立了 7 个重点开发开放试验区、17 个边境经济合作区和 2 个双边边境经济合作区，并与尼泊尔、缅甸、蒙古国、越南等周边国家就双边边境经济合作区建设开展深入磋商，取得积极进展。中国企业在 "一带一路" 沿线 20 个国家正在建设的 56 个经贸合作区，累计投资超过 185 亿美元，是深化投资合作、移植复制中国发展经验的重要载体。中白工业园、泰中罗勇工业园、埃及苏伊士经贸合作区等境外园区建设成效显著，成为中国企业集群式走出去的平台和友好合作的象征。中国部分地区结合自身特色，积极探索建设 "一带一路" 经贸合作园区，打造面向欧亚、对接周边的现代国际贸易聚集平台。

——促进投资便利化。作为吸引外资和对外投资大国，中国支持跨国跨地区的投资便利化。中国政府大力推进简政放权，放宽外资准入，加快推进自由贸易试验区建设，营造高标准的国际营商环境，吸引各国来华投资。同时，"一带一路"沿线国家也成为中国对外投资的重要目的地。2016 年，中国对这一区域投资 145 亿美元，占同期对外投资总额的 8.5%，新签署对外承包工程合同额 1260 亿美元，增长 36%。双边投资保护协定谈判进程加快，截至 2016 年底，中国与"一带一路"沿线 53 个国家签署了双边投资协定，与大部分国家建立了经贸和投资合作促进机制。中国还与"一带一路"沿线 54 个国家签署了避免双重征税协定，共同为企业享有税收公平待遇、有效解决纠纷创造了良好的税收和法律环境。

4. 拓展金融合作空间

加强金融合作，促进货币流通和资金融通，能够为"一带一路"建设创造稳定的融资环境，也有利于引导各类资本参与实体经济发展和价值链创造，推动世界经济健康发展。中国与"一带一路"沿线国家及有关机构开展了多种形式的金融合作，推动金融机构和金融服务网络化布局，创新融资机制支持"一带一路"建设。

——加强金融合作机制对接。中国与东盟金融合作日益密切，与俄罗斯、中亚地区金融合作不断深化，与欧盟的金融合作水平持续提升。发挥东盟与中日韩（10 + 3）金融合作机制、上合组织财长和央行行长会议、上合组织银联体、东亚及太平洋中央银行行长会议组织、中国—东盟银联体以及中亚、黑海及巴尔干地区央行行长会议组织等机制作用，加强金融政策沟通。推进清迈倡议多边化并建立 2400 亿美元的区域外汇储备，促进地区金融形势稳定。中国于 2016 年 1 月正式加入欧洲复兴开发银行，通过高层交往、联合融资、贸易投资合作和政策沟通等方式，不断加深交流合作。

——打造新型合作平台和创新融资机制。2015 年 12 月 25 日，中国倡议的亚洲基础设施投资银行（以下简称"亚投行"）正式成立，法定资本 1000 亿美元，重点支持地区互联互通和产业发展。截至 2016 年底，亚投行已为 9 个项目提供了 17 亿美元贷款，涉及印度尼西亚、塔吉克斯坦、巴基斯坦、孟加拉国等国的能源、交通和城市发展等急需项目。中国出资 400 亿美元设立丝路基金，首期注册资本金 100 亿美元，通过以股权为主的多种方式为共建"一带一路"提供资金支持。截至 2016 年底，丝路基金已签约 15 个项目，承诺投资额累计约 60 亿美元，项目覆盖俄罗斯、蒙古国以及中亚、南亚、东南亚等地区，涵盖基础设施、资源利用、产能合作、金融合作等领域。丝路基金还出资 20 亿美元设立了中哈产能合作基金。中国提出中国—中东欧协同投融资框架，包括 100 亿美元专项贷款、中东欧投资合作基金在内的多种融资机制共同发挥作用，为中东欧地区提供融资支持。中国工商银行牵头成立了中国—中东欧金融控股有限公司并设立中国—中东欧基金。

——深化金融机构及金融市场合作。中国政府鼓励开发性、政策性金融机构积极参与"一带一路"金融合作。共建"一带一路"倡议提出以来，中国国家开发银行在"一带一路"沿线国家签约项目 100 余个，金额超过 400 亿美元，发放贷款超过 300 亿美元；中国进出口银行在

"一带一路"沿线国家签约项目 1100 余个，金额超过 1000 亿美元，发放贷款超过 800 亿美元；中国出口信用保险公司承保"一带一路"沿线国家出口和投资超过 3200 亿美元。截至 2016 年底，共有 9 家中资银行在"一带一路"沿线 26 个国家设立了 62 家一级分支机构，"一带一路"沿线 20 个国家的 54 家银行在华设立了 6 家子行、20 家分行和 40 家代表处。2017 年 1 月，中国金融期货交易所等与巴方伙伴合作收购巴基斯坦证券交易所 30% 的股权。上海黄金交易所和迪拜黄金与商品交易所签署协议，在国际金融市场首次应用"上海金"。

——扩大本币互换与跨境结算。中国与"一带一路"沿线 22 个国家和地区签署了本币互换协议，总额达 9822 亿元人民币。与越南、蒙古国、老挝、吉尔吉斯斯坦签订了边贸本币结算协定，与俄罗斯、哈萨克斯坦、白俄罗斯、尼泊尔签署了一般贸易和投资本币结算协定。人民币业务清算行已有 23 家，其中 6 家在"一带一路"沿线。通过中国银行间外汇市场开展人民币对 21 种非美元货币的直接交易。建立人民币跨境支付系统（CIPS），为境内外金融机构从事人民币业务提供服务。

——加强金融监管合作。中国推动签署监管合作谅解备忘录，在区域内建立高效监管协调机制，完善金融危机管理和处置框架，提高共同应对金融风险的能力。截至 2016 年底，中国人民银行已与 42 个境外反洗钱机构签署合作谅解备忘录，中国银监会与 29 个"一带一路"沿线国家金融监管当局签署了双边监管合作谅解备忘录或合作换文，中国保监会与"一带一路"沿线国家商签监管合作谅解备忘录并成立亚洲保险监督官论坛（AFIR）。

5. 加强生态环保合作

中国致力于建设"绿色丝绸之路"，用绿色发展理念指导"一带一路"合作，分享中国在生态文明建设、环境保护、污染防治、生态修复、循环经济等领域的最新理念、技术和实践，积极履行应对气候变化等国际责任。

——建设合作平台。中国努力打造以"绿色丝绸之路"为主题的合作平台，举办中国—阿拉伯国家环境合作论坛、中国—东盟环境合作论坛等活动，设立中国—东盟环境保护合作中心。签署《中国环境保护部与联合国环境署关于建设绿色"一带一路"的谅解备忘录》。建立"一带一路"环境技术交流与转移中心等机构，推动环保领域先进技术的国际交流与应用。

——推进水利合作。中国政府积极推进与周边国家在跨界河流保护与开发利用方面的政策沟通、技术分享和工程技术合作。开展跨界河流水资源保护与利用联合研究，共同做好跨界河流水资源的保护工作。推动跨界河流汛期水文数据共享，建立中俄防汛防洪合作机制，积极推动中哈霍尔果斯河友谊联合引水枢纽工程建设和流域冰湖泥石流防护合作。中国提供融资的斯里兰卡最大水利枢纽工程—莫拉格哈坎达灌溉项目已完成阶段性建设，除农业灌溉外，还将为几百万人提供清洁饮水。

——加强林业和野生物种保护合作。中国与"一带一路"沿线国家签署了35项林业合作协议，建立中国—东盟、中国—中东欧林业合作机制，推动林业产业可持续发展和森林资源保护。举办首届大中亚地区林业部长级会议、中国—东盟林业合作论坛、中俄林业投资政策论坛，发布《"一带一路"防治荒漠化共同行动倡议》。在中蒙俄经济走廊建设中大力推广绿色理念，与俄罗斯开展森林资源保护利用、边境防火、候鸟保护合作，与蒙古国开展野生物种保护、防沙治沙合作。中国还与埃及、以色列、伊朗、斯里兰卡、巴基斯坦、尼泊尔、老挝、缅甸等国共同实施荒漠化防治、森林可持续利用、野生动植物保护、生态系统综合治理、湿地保护、林业应对气候变化等多方面合作。

——推动绿色投融资。中国政府部门发布《关于推进绿色"一带一路"建设的指导意见》，推动提高对外合作的"绿色化"水平。建立"一带一路"生态环境保护制度，出台绿色产业引导政策和操作指南，为建设"绿色丝绸之路"提供制度保障。中国还积极探索将绿色金融理念应用到"一带一路"建设实践，发布《关于构建绿色金融体系的指导意见》，引导资金投向绿色环保产业。

——应对气候变化。中国为全球气候治理积极贡献中国智慧和方案，与各国一道推动达成《巴黎协定》，为协定提早生效作出重要贡献。积极开展气候变化南南合作，向"一带一路"沿线国家提供节能低碳和可再生能源物资，开展太阳能、风能、沼气、水电、清洁炉灶等项目合作，实施提高能效、节能环保等对话交流和应对气候变化培训。

6. 有序推进海上合作

共建 21 世纪海上丝绸之路重点依托海上合作，发展海上贸易、互联互通和海洋经济，打造一批海上合作支点港口，维护海上大通道的安全畅通。同时，中国与"一带一路"沿线国家开展了海洋科技、海洋生态环境保护、海洋防灾减灾、海上执法安全等多领域合作。

——互联互通合作。中国坚持公开透明和互利共赢的原则，与有关国家合作建设支点港口，发挥中国的经验优势，帮助东道国发展临港产业和腹地经济。中国企业克服困难，修复和完善瓜达尔港港口生产作业能力，积极推进配套设施建设，大力开展社会公益事业，改善了当地民众生活。中方承建的斯里兰卡汉班托塔港项目进展顺利，建成后将有力地促进斯里兰卡南部地区经济发展和民生就业。中国宁波航交所发布"海上丝绸之路航运指数"，服务21世纪海上丝绸之路航运经济。

——海洋经济合作。马来西亚马六甲临海工业园建设加快推进，缅甸皎漂港"港口＋园区＋城市"综合一体化开发取得进展。中国与荷兰合作开发海上风力发电，与印度尼西亚、哈萨克斯坦、伊朗等国的海水淡化合作项目正在推动落实。与有关国家开展海洋油气和渔业捕捞合作，同时充分发挥中国—东盟海上合作基金作用，为部分合作项目提供融资支持。

——海上执法安全合作。中国与东盟通过《应对海上紧急事态外交高官热线平台指导方针》，提升海上合作互信水平。中国海警局与越南海警司令部、菲律宾海岸警卫队签署合作谅解备忘录，建立海警海上合作联合委员会等安全执法合作机制，与印度、孟加拉国、缅甸等国海警机构加强对话沟通，与巴基斯坦海上安全局开展机制化合作，共同打击违法犯罪行为，为 21 世纪海上丝绸之路建设提供安全保障。

——合作机制建设。中国与泰国、马来西亚、柬埔寨、印度、巴基斯坦等国建立了海洋合作机制，积极推进中泰气候与海洋生态系统联合实验室、中巴联合海洋科学研究中心、中马联合海洋研究中心建设，在海洋与气候变化观测研究、海洋和海岸带环境保护、海洋资源开发利用、典型海洋生态系统保护与恢复、海洋濒危动物保护等多领域开展合作。成立中国—中东欧海运合作秘书处，在华设立国际海事组织海事技术合作中心。建立泛北部湾经济合作机制、中国—东南亚国家海洋合作论坛、东亚海洋合作平台、中国—东盟海事磋商机制、中国—东盟港口发展与合作论坛、中国—东盟海洋科技合作论坛、中国—东盟海洋合作中心、中国—马来西亚港口联盟，筹建澜沧江—湄公河水资源合作中心、执法安全合作中心等次区域合作平台。

7. 深化人文社会及其他领域交流合作

共建"一带一路"离不开各国人民的支持和参与，同时"一带一路"建设也为民众友好交往和商贸、文化、教育、旅游等活动带来了便利和机遇。中国支持开展多层次、多领域的人文交流合作，推动文明互学互鉴和文化融合创新，努力构建不同文明相互理解、各国民众相知相亲的和平发展格局。

——教育文化合作。中国每年向"一带一路"沿线国家提供 1 万个政府奖学金名额，实施《推进共建"一带一路"教育行动》。共建"一带一路"倡议提出以来，中国与"一带一路"沿线国家共同举办"国家文化年"等人文交流活动20次，签署了43项文化交流执行计划等政府间合作协议。截至2016年底，中国在"一带一路"沿线国家设立了30个中国文化中心，新建了一批孔子学院。举办"丝绸之路（敦煌）国际文化博览会"、"丝绸之路国际艺术节"、"海上丝绸之路国际艺术节"等活动。中国与哈萨克斯坦、吉尔吉斯斯坦联合申报世界文化遗产"丝绸之路：长安—天山廊道的路网"获得成功。实施柬埔寨吴哥古迹茶胶寺、乌兹别克斯坦花剌子模州希瓦古城等援外文化修复项目，向尼泊尔、缅甸提供文化遗产震后修复援助。推动海上丝绸之路申报世界文化遗产，弘扬妈祖海洋文化。

——科技合作。中国政府与"一带一路"沿线国家签署了46项政府间科技合作协定，涵盖农业、生命科学、信息技术、生态环保、新能源、航天、科技政策与创新管理等领域。设立联合实验室、国际技术转移中心、科技园区等科技创新合作平台。建设中国—东盟海水养殖技术联合研究与推广中心、中国—南亚和中国—阿拉伯国家技术转移中心等一批合作实体，发挥科技对共建"一带一路"的提升和促进作用。强化科技人文交流机制，仅2016年就通过"杰出青年科学家来华工作计划"资助来自印度、巴基斯坦、孟加拉国、缅甸、蒙古国、泰国、斯里兰卡、尼泊尔、埃及、叙利亚等国100多名科研人员在华开展科研工作。

——旅游合作。中国与"一带一路"沿线国家互办

"旅游年",开展各类旅游推广与交流活动,相互扩大旅游合作规模。举办世界旅游发展大会、丝绸之路旅游部长会议、中国—南亚国家旅游部长会议、中俄蒙旅游部长会议、中国—东盟旅游部门高官会等对话合作,初步形成了覆盖多层次、多区域的"一带一路"旅游合作机制。中国连续三年举办"丝绸之路旅游年",建立丝绸之路(中国)旅游市场推广联盟、海上丝绸之路旅游推广联盟、中俄蒙"茶叶之路"旅游联盟,促进旅游品牌提升。体育合作也在蓬勃发展。

——卫生健康合作。中国重视通过共建"一带一路"推动传染病防控、卫生体制和政策、卫生能力建设与人才合作以及传统医药领域合作。发表《中国—中东欧国家卫生合作与发展布拉格宣言》、《第二届中国—中东欧国家卫生部长论坛苏州联合公报》、《中国—东盟卫生合作与发展南宁宣言》,实施中非公共卫生合作计划、中国—东盟公共卫生人才培养百人计划等41个项目。推动与"一带一路"沿线国家在传统医药领域扩大交流合作,设立中捷(克)中医中心等16个中医药海外中心,与15个国家签署了中医药合作协议。中国政府与世界卫生组织签署《关于"一带一路"卫生领域合作备忘录》,携手打造"健康丝绸之路"。在新疆维吾尔自治区设立丝绸之路经济带医疗服务中心,为中亚等周边国家提供医疗服务。

——救灾、援助和减贫。中国参与联合国、世界卫生组织等在叙利亚的人道主义行动,长期派遣援外医疗队赴周边国家和非洲开展医疗救助。积极参与国际防灾减灾,派遣国家救援队及医疗队参与尼泊尔地震救援,向马尔代夫、密克罗尼西亚联邦、瓦努阿图、斐济等国提供紧急救灾援助。向受到"厄尔尼诺"影响遭受严重旱灾的非洲国家提供紧急粮食援助。实施湄公河应急补水,帮助沿河国家应对干旱灾害。向泰国、缅甸等国提供防洪技术援助。开展中非减贫惠民合作计划、东亚减贫合作示范等活动,提供减贫脱困、农业、教育、卫生、环保等领域的民生援助。中国社会组织积极参与"一带一路"沿线国家民生改善事业,实施了一系列惠及普通民众的公益项目。

——便利人员往来。中国与巴基斯坦、俄罗斯、菲律宾、塞尔维亚等"一带一路"沿线 55 个国家缔结了涵盖不同护照种类的互免签证协定,与哈萨克斯坦、捷克、尼泊尔等 15 个国家达成 19 份简化签证手续的协定或安排,阿联酋、伊朗、泰国等 22 个国家单方面给予中国公民免签或办理落地签证入境待遇。

四、合作机制:从官方到民间

政策沟通是共建"一带一路"的重要保障,合作机制是实现政策沟通的有效渠道。中国与"一带一路"沿线国家共同打造多层次合作机制,加强沟通协调,增进政治互信,为深化合作创造了良好条件。

1. 高层推动

高层访问为共建"一带一路"提供了强大的政治助推力。共建"一带一路"倡议提出以来,中国国家主席习近平、中国国务院总理李克强等国家领导人的出访足迹遍布中亚、东南亚、南亚、中东欧等"一带一路"沿线地区。推动共建"一带一路"是高访的重要内容之一，也得到了相关国家和国际组织的积极回应，形成了包括凝聚合作共识、签署合作协议、推动重大项目建设、扩大各领域交流合作等一系列丰硕成果。

2. 战略对接

中国努力推动共建"一带一路"倡议与"一带一路"沿线国家的发展战略对接，寻求合作的最大公约数。哈萨克斯坦"光明之路"、沙特阿拉伯"西部规划"、蒙古国"草原之路"、欧盟"欧洲投资计划"、东盟互联互通总体规划2025、波兰"负责任的发展战略"、印度尼西亚"全球海洋支点"构想、土耳其"中间走廊"倡议、塞尔维亚"再工业化"战略、亚太经合组织互联互通蓝图、亚欧互联互通合作、联合国2030年可持续发展议程等与"一带一路"倡议高度契合，中国愿意与有关国家和国际组织共同推动实施。

3. 双多边机制

中国与"一带一路"沿线国家在相互尊重、相互信任的基础上，建立了较为完善的合作机制。双边对话是政策沟通的主要渠道，中国与有关国家不断强化双边机制作用，服务互联互通、贸易投资、产能合作、人文交流等共建"一带一路"重点领域合作。中国政府部门还将建设若干国别合作促进中心，推动已签署的共建"一带一路"合作协议加快落实。中国重视维护和促进多边机制作用,通过上合组织峰会、亚信峰会、中非合作论坛、中国—太平洋岛国经济发展合作论坛、泛北部湾经济合作论坛、中国共产党与世界对话会等多边平台,开展合作对话。举办中国—东盟博览会、中国—亚欧博览会、中国—阿拉伯国家博览会、中国—南亚博览会及中国—中东欧国家投资贸易博览会等大型展会,发挥经贸合作的桥梁纽带作用。以领事磋商等为平台,完善外交协调机制,为共建"一带一路"创造有利的人员往来和安全保障条件。

4. "二轨"对话及交流合作

中国与"一带一路"沿线国家通过政党、议会、地方、民间等交往渠道,开展形式多样的交流合作,增进各国人民的相互理解,广泛凝聚共建"一带一路"的各方共识。加强智库交流合作,建立"一带一路"智库合作联盟等合作机制。中国政府在北京大学设立"南南合作与发展学院",与发展中国家分享治国理政经验,培养政府管理高端人才。中国国务院发展研究中心与有关国际智库发起成立了"丝路国际智库网络"(SILKS),打造国际智库合作平台与协作网络。促进媒体交流合作,举办媒体论坛、人员互访等活动,开展供版供稿、联合采访、合作拍片、研修培训等合作。推动妇女、青年、创业就业等领域交流,分享促进社会公平进步的理念和经验。这些覆盖广泛的对话交流活动,与政府间合作相互促进,为共建"一带一路"不断营造民意基础。

五、愿景展望:从现实到未来

中国提出"一带一路"倡议,旨在与世界分享中国发展带来的广阔机遇,欢迎各国搭乘中国和地区经济增长的快车,共同谱写合作共赢新乐章。

我们共同的未来应该是更加光明的未来,各个国家、各个民族的利益是全人类共同利益的组成部分,全人类的利益则系于"你中有我、我中有你"的命运共同体。人类命运共同体是平等的共同体,应坚持相互尊重、平等相待,建设一个各国平等参与地区和国际事务的世界;人类命运共同体是和平的共同体,应坚持共同、综合、合作、可持续的安全观,建设一个各国彼此尊重核心利益、和平解决分歧的世界;人类命运共同体是繁荣的共同体,应坚持合作共赢、共同繁荣,建设一个开放发展、包容增长的世界;人类命运共同体是文明的共同体,应坚持不同文明兼容并蓄、交流互鉴,建设一个海纳百川、多彩多姿的世界;人类命运共同体是绿色的共同体,应坚持生态环境保护和资源节约利用,建设一个绿色低碳、永久美丽的世界。

共建"一带一路"为实现人类命运共同体提供了新的助力。亚欧大陆是世界经济增长的重要引擎之一,也是共建"一带一路"的主要地区。促进亚欧大陆及附近海洋的高水平互联互通,深化各领域务实合作,将进一步发掘这一地区巨大的发展潜力,增进各国的思想交流与文明的互学互鉴,共同实现多元、自主、平衡和可持续的发展。共建"一带一路"也是开放的，中国欢迎感兴趣的国家和国际组织以不同方式参与合作，让成果惠及更广区域、更多人民。

——非洲是共建"一带一路"的关键伙伴。中非之间有着深厚的传统友谊，双多边关系密切。非洲部分地区曾经是海上丝绸之路的重要区域，经济繁荣、社会安定、文化发达。长期以来，中国从非洲各国的根本利益出发，为非洲经济社会发展做出了积极贡献。共建"一带一路"倡议为中非互利合作开辟了更为广阔的空间，并进一步将亚欧大陆和非洲紧紧联系在一起，促进亚欧非携手发展。

——中国欢迎拉丁美洲和加勒比地区参与"一带一路"建设。拉丁美洲和加勒比地区是重要的新兴市场，也是中国最重要的贸易伙伴之一。中国致力于同拉丁美洲和加勒比有关国家对接发展战略，用共建"一带一路"的理念、原则和合作方式推动各领域务实合作，不断扩大共同利益。

——大洋洲是"21 世纪海上丝绸之路"的南向延伸地区。中国与新西兰签署了两国政府关于加强"一带一路"倡议合作的安排备忘录。作为发展中国家的重要组成部分，共建 21 世纪海上丝绸之路为太平洋岛国加快自身发展，深化与中国的南南合作创造了新的机遇，岛国对此态度积极，双方合作潜力巨大。

——第三方合作是共建"一带一路"的重要内容。共建"一带一路"是公开透明的合作倡议。中国愿意与有关发达国家一道，发挥技术、资金、产能、市场等互补优势，按照共商共建共享原则，遵循市场规律，在"一带一路"沿线国家开展第三方合作，促进互利共赢。

结束语

中国不仅是共建"一带一路"的倡议者，更是负责任、有担当的实践者。三年多来，"一带一路"建设从无到有、由点及面，取得积极进展，初步形成了共商、共建、共享的合作局面。

当今世界正在发生复杂深刻变化，世界经济在深度调整中缓慢复苏，各国面临的发展问题依然严峻。历史尤其是 20 世纪两次世界大战的惨痛教训告诉我们，当今世界比任何时候都需要加强互联互通，各国比任何时候都需要结成更加紧密的命运共同体，共同创造面向未来的发展新格局，共同维护开放型世界经济体系，共同探索新的增长动力来源。

中国欢迎世界各国和国际、地区组织积极参与共建"一带一路"合作，也愿与各国共同丰富"一带一路"建设的理念和实践，携手打造绿色丝绸之路、健康丝绸之路、智力丝绸之路、和平丝绸之路，建设更具活力、更加开放、更兼稳定、更可持续、更多包容的全球化经济。

（据新华社北京 2017 年 5 月 10 日电）

后　　记

　　本读本是为满足社会各界的迫切需要，根据陈甫军教授的研究成果和在国内外多次讲座的内容整理出版的。主体部分（第一讲至第七讲，以及第十讲）主要是根据陈甫军教授于2016年3月至5月，在中国人民大学开设的《人大名师沙龙》讲座的讲稿和在北京、深圳和海南的讲座内容整理而成，专题两讲（第八讲、第九讲）由参加沙龙研究小组同学完成的案例研究论文改编，最后由陈甫军教授统一定稿。

　　本书同时也作为陈甫军教授主持的2016年度教育部人文社会科学重点研究基地重大项目《创造新时期对外开放的新格局：“一带一路”战略与小康社会建设研究》（项目号：16JJD790059）的早期研究成果出版。这样，既可满足社会对“一带一路”读物的急需，又可听取读者意见，进一步推动今后“一带一路”的研究进程。

　　本书在早期备课和后期整理的过程中曾参阅大量的资料，除了一些重要的文献列于文后外，还有一些知识性的文章限于篇幅未及列出。本书的出版受到“中央高校建设世界一流大学（学科）和特色发展引导专项资金”和中国人民大学霍氏“一带一路”基金的支持，并得到了经济科学出版社领导和有关编辑的高度重视和指导帮助。先后参加本课题研究和资料整理的人大学生有：张记欢，高廷帆，丛子薇、韩玉锦，李环环，刘小玮，李宜炀等。特此说明，并在此向有关部门和人员表示感谢。

谨以本书庆祝在北京召开的"一带一路"国际合作高峰论坛取得圆满成功。

2017 年 5 月 18 日